U0642049

［韩］庾京准 著

金顺平 译

为什么孩子上了辅导班成绩也没有提升呢？

人民东方出版传媒
People's Oriental Publishing & Media

东方出版社
The Oriental Press

图字：01-2021-2617

우리 아이는 왜 학원을 다녀도 성적이 오르지 않을까?

Text copyright © 2019, Yoo Kyungjun

All Rights Reserved.

This Simplified Chinese edition was published by People's Oriental Publishing & Media Co., Ltd./The Oriental Press by arrangement with BMK through Imprima Korea & Qiantaiyang Cultural Development (Beijing) Co., Ltd..

图书在版编目（C I P）数据

为什么孩子上了辅导班成绩也没有提升呢？ / (韩) 庚京准著；金顺平译.
—北京：东方出版社，2021.7

书名原文: Why did the child go to the tutoring class and his grades didn't improve?

ISBN 978-7-5207-2210-0

Ⅰ.①为… Ⅱ.①庚…②金… Ⅲ.中小学生–学习方法 Ⅳ.①G632.46

中国版本图书馆CIP数据核字（2021）第095749号

为什么孩子上了辅导班成绩也没有提升呢？

（WEISHENME HAIZI SHANG LE FUDAOBAN CHENGJI YE MEIYOU TISHENG NE？）

作者：[韩]庚京准　**译者：**金顺平

策划编辑：鲁艳芳
责任编辑：金　琪
出　　版：东方出版社
发　　行：人民东方出版传媒有限公司
地　　址：北京市西城区北三环中路6号
邮政编码：100120
印　　刷：北京联兴盛业印刷股份有限公司
版　　次：2021年7月第1版
印　　次：2021年7月北京第1次印刷
开　　本：880毫米×1230毫米　1/32
印　　张：7.75
字　　数：131千字
书　　号：ISBN 978-7-5207-2210-0
定　　价：49.80元
发行电话：（010）85924663　85924644　85924641

版权所有，违者必究
如有印装质量问题，请拨打电话：（010）85924725

从现在开始，让我们灵活"利用"辅导班

在我从事讲师这一职业的 12 年时间里，父母们对课外教育的热情不断高涨。这就像是一辆从不刹车的汽车一样，每年参加课外教育的孩子越来越多，这些孩子们的年龄也越来越小，补习强度也越来越大。奇怪的是，与越来越大的补习强度相反，孩子们的学习成绩下滑得愈加厉害。我认为，这是我们严重"依赖"，而不是好好"利用"课外教育的结果。

当你害怕自己的孩子在课外教育的浪潮中落后，并因此感到焦虑时，请打开这本书，这本书将帮你正视课外教育。你是否经常掉进课外教育机构的营销陷阱里？你是否因心急如焚经常与孩子发生矛盾？这将是一个能够让你回顾并反省自己的机会。

擦亮你的眼睛，去看看课外补习机构最原本的样子，就能清楚地分辨出什么是能做的，什么是不能做的；什么是有帮助的，什么是无用的。辅导班不是一个因害怕就应去躲避的东西，也不是威胁我们、胁迫我们的敌人。上辅导班只是有助于孩子学习的一个方法罢了。

庾京准老师的《为什么孩子上了辅导班成绩也没有提升呢？》是一本能够帮助我们正视辅导班的好书。这本书将帮助你踏出灵活地运用辅导班的第一步，而不是单纯地依赖辅导班。希望这本书能够让孩子和妈妈们找回原有的笑容。

[韩] 崔胜弼（读书教育专家，《学习头脑读书法》作者）

为妈妈们
排忧解难

最近有去过书店吗？你会发现专门为幼升小、小升初的孩子们而准备的书尤其多。大多数书的主题都差不多，都在讲述"一次辅导班都不参加，还能让孩子上名校的秘诀"。这些书里所讲述的子女与妈妈的关系非常融洽，他们只是在学校、家里高效地学习，学习成绩就能名列前茅。

不觉得哪里怪怪的吗？这样的事例在我们身边非常少见，但书里讲的却那么容易。反而，在日常生活中，我们遇到朋友就会问："你家孩子上哪个辅导班啊？我家孩子上着××辅导班，但他学习成绩又下降了。"

我在课外教育公司工作。每年都会在线上教育辅导网站面对 10 万名左右的新增学生和家长顾客。更精确地说，总计应超过 100 万名。十年过去了，不论是过去还是现在，最经常被问到的问题一点儿都没有变——

"为什么我们家的孩子上了辅导班成绩也没有提升呢？"

对于这一问题，其实，很多父母心中早已有答案了。他们认为"因为孩子没有好好学习"。大多数的父母都是这种想法。所以，问题一直得不到解决，妈妈们依然反复询问同样的问题。从现在开始，让我们去寻找这个问题的真正答案吧。

第一，我们要认清辅导班的本来面目。为什么我们只能选择将孩子送进辅导班呢？虽然我们都以为自己是主动把孩子送进辅导班的，但在大多数情况下，我们只是掉进了辅导班给家长们设计的陷阱里。让我们开始对这些不声不响诱惑我们的辅导班进行一个彻彻底底的了解吧。

第二，我们要去了解孩子的学习成绩一直上不去的真正原因。辅导班不会自动地把孩子的学习成绩提上去。很多孩子就算上了辅导班，学习成绩也还在原地踏步。我家的孩子和别人家的孩子上的是同一节辅导班的课，但学习成绩差距如此之大的原因到底是什么呢？让我们把子女的立场与父母的立场分开来看，再去进行分析。

孩子们会经历痛苦的青春期，但妈妈们因操心而吃的苦头也不次于孩子们。母亲这一角色真的是个既辛苦又孤独的存在。也不知道孩子们懂不懂妈妈们的良苦用心，就算把孩子送进了辅导班，学习成绩也没有提升，课外教育费用占家庭总支出比例却越来越大。为因子女教育而忧心忡忡的妈妈们消除一些烦恼，我写下了这本书。

[韩] 庾京准

目录

"

现在，

难道还有不上

辅导班的孩子吗？

"

在辅导班
跳绳的孩子们

对于父母来说，有那么一段时期，不论孩子做什么都觉得可爱，看着孩子逐渐成长的样子，妈妈们会感到无比的幸福。这段时期也是妈妈们真心盼望的"比起学习，健康对我的孩子才是最重要的"时期。但这种幸福只持续到不必为孩子学业操心的那一刻为止。过了一段时间，等孩子准备上幼儿园时，妈妈们的烦恼就开始了。

"从幼儿园放学回来之后，可以一直待在家里吗？"

妈妈们开始好奇孩子的朋友们放学回家后都干些什么，所以会四处打听。听说有的孩子在上辅导班，有的孩子家长直接把老师请到家里来。这时，妈妈们感觉只有自己家的孩子还没有接受课外教育，心里就开始感到焦虑了，产生很多疑问，她们会问周边其他家长："你感觉上辅导班对孩子有帮助吗？"

说实话，其实没有一位妈妈能够确信上辅导班就一定能提高孩子的能力。但是，一旦开始接受课外辅导，妈妈们就获得了心理安慰。

不断变化的教育政策更容易让孩子的妈妈们陷入恐慌之中。

相关部门在《学前教育法草案（征求意见稿）》中提到了"幼儿园不得教授小学阶段教育内容，不得开展违背学前儿童身心发展规律的活动"的内容。一石激起千层浪，在消息发布后一天多的时间里，网上就已有将近亿人次浏览了这篇报道，有3万多条帖子讨论。虽然"幼儿园不该提前教授小学内容，不该超前教育"早就不是什么新鲜话题了，但被这么正式地提出并上升到法律层面，还是第一次。一眼望去，满屏都是爸妈们的焦虑。

从网友的评论中可以总结出，爸妈们担心的问题主要集中在两点：首先，小学一年级的教学进度太快，甚至有些小学直接默认为提前学过，零起点进小学会让孩子和家长非常被动。因为小学不在《学前教育法》约束范围内，不可能要求小学放慢教学速度。第二，如果不想零起点入学，幼儿园又不教，那就只能自己去找校外机构学了，在无形中给家长增加了财力和精力上的负担。

体育也上课外补习

现在大城市的小学生与以往有些不同，他们连跳绳都要参加辅导班。一位家长坦言，为孩子交钱都是不计成本的。"每50分钟3.5万韩元（约200元人民币）的大班课已经算便宜的了，同类机构每节课都要三五万韩元。"位于某学区重点初中附近的跳绳班采取上门授课的方式，每节课1小时，每期5节课，一对一价格高达35万韩元（约2000元人民币），一对二每人20万韩元（约1200元人民币），一对三每人15万韩元（约900元人民币）。

悄然间，在大城市里，中小学跳绳辅导班突然变得火爆起来，为什么一个小小的"跳绳"，能够有这么大的能量，让家长们不惜花费大价钱去课外专门补习呢？

原来，这一切都与体育考试有关。相关部门召开新闻发布会，并在会上表示，学校的体育考试要逐年增加分值，达到跟语数外同分值的水平。

只要有考试，就会有辅导班，就连最基本的跳绳也不例外。"有考试就有培训班啊，跳绳辅导机构大城市早就有了，教练带着跳200个可比自己瞎练轻松多了。"所以，有些孩子白天在学校和辅导班与书本做了一天的斗争之后，还要为了取得好的体育成绩而拖着疲惫的身躯，交钱练跳绳。当初在颁布这项为了强身健体而出台的政策时，相关部门可能不会想到将带来这样的后果。

虽然孩子的梦想不是当一个篮球运动员，但家长还是为了孩子能把球投进篮圈里而支付学费。过去一段时期，人们都认为"上辅导班＝补习数学和英语"，但现在，体育也要另外支出一笔费用去学。虽然过去，大家都普遍认为学习是能够提高身份和地位的最有效果的捷径，但现在我们却不可否认，如果想要成功，前提是你得有一对有钱的父母。

小学五六年级的孩子们又什么样呢？在我们父母那一辈，他们一般都会上自己家所在那一片的中学或隔壁区域的中学。虽然"热门学区能出最多的名牌大学学生"是大家所公认的，但当时却体会不到中学的高低之分与等级次序。现在却发生了变化。"国际中学"是一个一听就不同凡响的存在。国际中学又称"贵族学校"，当父母开始意识到中学也分高低的时候，"我的孩子上普通学校真的可以吗？"这种想法和焦虑的情绪就开始在心里发芽。

不上辅导班
才是一件奇怪的事

　　一旦孩子升入中学之后，家长的焦虑情绪就会愈演愈烈，他们会开始寻找一些可以消除这些焦虑情绪的方法。什么能有助于消除负面情绪呢？对于现在的父母来说，"课外辅导"已经不再是选修课，而是必修课。一旦孩子开始上辅导班了，在不知不觉中，妈妈的心情也会变得稍微安稳一些。

　　但是，让人感觉如此可靠的辅导班就一定能提高孩子的学习成绩吗？也许，这就只是现在的我们对辅导班的单相思罢了。但问题是，如果没有结果，我们就应该学会放弃，可妈妈们并没有产生一点儿放弃的念头，甚至报辅导班的想法越来越强烈。如果上了辅导班，孩子的学习成绩还是没有提高，那么妈妈就会这么想——

　　"我就知道会这样，上了辅导班学习成绩也没有提高上去。孩子都已经初一了，我竟然还在送孩子上和小学时上的一样进度的辅导班。看来要再报一个新的辅导班了。"

　　如果报了一个新的辅导班之后，孩子的学习成绩能提高上去就好了，但结果却事与愿违。于是，孩子的积极性越来越差，妈妈也对孩子越来越失望。正式的苦恼，从现在拉开帷幕了——

A：现在这些辅导班是不是不够啊？要不要给孩子请家教呢？

B：上了辅导班对成绩提高也没有帮助，我这种只送孩子去辅导班的行为是不是有点儿不切实际了呢？

我们知道，在大部分情况下，A 这种观点还是会赢。就算我们心中早已有了答案，但没有一位家长会光明正大地表明自己偏爱课外教育。虽然从表面上看起来，很多父母都努力地在不上辅导班的情况下想办法提升孩子的学习成绩。比起父母，辅导班才更像是甲方。

记得有段时间，流行这样的说法："爸爸的不关心才是对待子女教育的正确姿势。"但现在呢，如果妈妈去辅导班接受咨询，那么，一般都会被问及爸爸是否也有空。只有爸爸的精力也投入进去，真正的课外辅导才能够完成。辅导机构对此有一套精妙理论。辅导机构会不断地威胁家长说，在没有辅导班的帮助下，这些都是没有办法得到解决的；单纯靠自己，不依赖课外辅导机构，孩子的升学会很困难。其实很多家长也都是这么认为的。

如果孩子在国内上学，对于父母来说，辅导班真的不仅是一个想远离却无法远离的存在，而且会变得越来越必要。孩子不上辅导班吧，会感到焦虑。但是，孩子一旦上了辅导班之后，家长就会深陷其中，无法自拔。

"现在上着辅导班呢，都还这个成绩，不上辅导班那还得了？"想要摆脱这种焦虑的情绪是一件非常困难的事。随着不断寻找能够在短期内提高孩子学习成绩的辅导班，父母们投入的钱也越来越多。

另一方面，没有给孩子报辅导班的妈妈会被别人指责，说她对孩子的教育毫不关心。就算对那些在家里引导孩子自主学习的妈妈，周围的妈妈们也会说："明明是送进辅导班就能解决的事，为什么要自讨苦吃呢？"

疯狂的现实

其实我也常常会好奇：政策真的无法对课外辅导明令禁止吗？我们眼睁睁地看着无数的家长与学生饱受课外教育的折磨，却无法阻止课外教育费用的增加，到底是为什么呢？可能我们真的没有办法无视现实当中的各种制约条件吧？

现在，学生不上辅导班变成了一件奇怪的事情。当然，辅导班并不是只有缺点。辅导班也可以说是公共教育的延伸。如果学生对在学校学到的知识内容感到不足，或有更进一步的需求，家长在经济能力上也有一定的余地，那么，放学之后孩子在辅导班学习本身并没有问题。

真正的问题不是辅导班本身，而是"上着辅导班，孩子的成绩没有得到提升，还浪费着金钱"的迷局无法被打破。对于依赖课外教育这件事，每个人都感到焦虑是不可否认的事实；可是，不让孩子去辅导班也并不能解决问题。结果呢，我们只好选择送孩子去辅导班，这是我们能做的最大努力。

"昂贵的辅导班＝好老师"存在于我们的潜意识当中。但就算报了一个非常昂贵的辅导班，孩子的学习成绩也不会像变魔术一样马上得到提升。对于我们来说，真正需要的是，通过让中等学生放学之后在辅导班进行预习和复习来提升学习成绩。从现在开始，就让我们慢慢对这一方法进行详细分析。

"

姐，

现在已经不算早了。

别的孩子都已经超过

你们家孩子 6 个多月了。

"

听到这样的话，
不会感到焦虑吗？

　　我们为什么会选择去上辅导班呢？首要原因就是我们心中的焦虑情绪。

　　如果别人家的孩子都在上辅导班，只有自己的孩子还没有去的话，妈妈就会感到焦虑。妈妈会担心孩子是不是落后了，自己是不是没有照顾好孩子。隔壁家的梓珊现在才初一，但好像已经学会了三角函数。妈妈开始担心了。看着已经走在前面的同龄孩子，妈妈就会暗下决心让自己的孩子也接受超前教育，然后就去敲辅导班的门了。

　　其实，我们并不是从一开始就喜欢超前教育。孩子上托儿所很顺利，也顺顺利利地从幼儿园毕业了，到小学三年级为止都没有任何问题。但从小学四年级开始，问题就开始出现了。虽然没有人说什么，但会开始苦恼"是不是从现在开始，就应该考虑进行超前教育了呢"。

屡禁不止的超前教育

　　幼儿园阶段的超前教育本来是被禁止的，但实际上没有起到什么作用。这些辅导班巧妙地拉起倡导超前教育的大型横幅，在大街上肆无忌惮地发着传单。辅导班的咨询老师更是算命先生一样的存在，他们能猜到孩子现在的学习成绩，还能帮着妈妈一起展望孩子的未来，而妈妈此时的心情是激动不已的。简而言之，就是不管用什么样的方法，都会让学龄前孩子的妈妈心甘情愿地上辅导班。

那么，超前教育真的有帮助吗？超前教育就是对未来即将学到的知识进行提前学习，所以，在大多数情况下，孩子会对知识点进行反复学习。一旦重复地学习知识点，孩子就会被洗脑，感觉自己一定能解出题。通过反复解题，那么能解出来新题的概率就会提高，妈妈看着这样的孩子，也会感到很欣慰，甚至会顿悟"看来还是得接受超前教育啊"。

从某种角度上说，超前教育的最大优点就是能让妈妈感到安心。所以比起孩子，妈妈才是最开心的那个人。她们看到从辅导班学习回来的孩子，与有没有在辅导班好好听课无关，就只是看着孩子去过辅导班，也能感到很心安。如果孩子从辅导班回来后，自觉地坐在书桌前开始做作业的话，妈妈就能获得最大的安慰。至于超前教育的目的和理由已经变得不再重要了。

为什么要孩子接受超前教育呢？

想想看，孩子如果在小学就开始解"二元一次方程"，会成为数学学霸吗？孩子如果小学的时候就开始学微积分，会变成数学天才吗？大概没有人能自信地回答"会"。

辅导班所谓的超前教育不是说提前学习一个单元的知识，而是一个学期，甚至一年以上。然后呢，副作用就逐渐显现出来了。当然，如果孩子乐在其中的话，是完全没有问题的。但孩子如果是被逼无奈、迫不得已的，那么，就只能不断地经受着压力。

讽刺的是，在大多数的情况下，上辅导班都不是孩子自行选择的结果，而是妈妈做出的选择。孩子从小开始就是被妈妈拉去上辅导班的，而且几乎没有自己主动选择学习过。

就像去旅游一样，自由行和跟团游之前要做的准备工作是不一样的。现在，很多上辅导班的孩子都在进行一个叫作"超前教育"的跟团游项目。换句话说，就是一个不用自己做任何准备，只要交钱，就会有导游来为你安排一切的旅游项目。一旦跟丢了导游，那可能就会出大事了。因为在旅游之前，自己根本没有做过任何功课。所以，偶尔让孩子们来一个自由行也是很有必要的。

在辅导班进行超前学习，这本身并没有任何问题。为了第二学期取得一个好成绩，在假期里努力学习应该是一件值得表扬的事情。可重要的是，当妈妈因焦虑而把孩子送进辅导班时，"孩子到底有没有认真做好超前学习"才是关键，难道不是吗？

就算坐在同一个学校的教室里，听了同一节课，取得的效果也可能完全不同。有的学生会把在辅导班学到的内容好好应用于学校的实际课堂上，但也有的学生会觉得"这些内容不都是在辅导班学过的内容吗？真是无聊"。如果在没有做好充分准备的情况下，就硬生生地把晦涩难懂的公式塞进孩子的脑袋里，那么，孩子的大脑就会自然而然地进行反抗。对孩子来说，单单因为妈妈焦虑就开始的超前学习更像是一只毒苹果。我们首先要对孩子的客观实力进行充分的了解，一旦孩子开始接受超前教育，是否真的能跟得上学校课堂的进度，是我们作为父母必须考虑的事情。孩子是否连跟上学校的正规课程都感到吃力呢？在这种情况下，我们是不是依然要让孩子接受超前教育呢？这些都是我们应该反思的问题。

最近别人都……

　　我们别无选择只能送孩子去辅导班的第二个原因是自己周边的氛围。举一个代表性的例子——少儿编程教育。

　　最近，关于编程教育的全民讨论是由教育政策制定部门引发的。他们表示目前分别从"制定相关专门文件推动和规范编程教育发展""将编程教育纳入中小学相关课程"以及"培养培训能够实施编程教育相关师资"三个方面介绍了相关领域已开展的工作。如果现在所有中小学生都开始在学校学习编程，那么学生之间产生实力差距是必然的。接着，为了减少这一差距，找辅导班补课的学生也必然会增多。这种担忧即将成为事实。

　　到目前为止，小学生们的超前教育种类已经固定下来了。此前，以数学和英语为首，再加上文体类，这些已经占领了课外教育的大部分市场。但现在除了双语幼儿园以外，竟然还出现了"编程幼儿园"。与编程相关的课外教育市场增长势头强劲已经变成了一个不可否认的事实。

新的政策带来新的辅导班

当有教育新政出台时，有些现象必然会出现。妈妈如果不送孩子去与之相关的辅导班，就会有像被时代淘汰了一样的感觉。而且这种现象，只有妈妈自己才能察觉到，就像当市面上形成了一种最新穿搭潮流时，她会产生"只有我自己一个人还没有穿上那件衣服"的感觉。与编程相关的课外教育就像当初预想的一样在变化着。

打开电视，我们会发现好像身边所有人的孩子都在接受课外编程教育。电视里的新闻报道有一段采访，采访中的一位妈妈把还没有上小学的孩子送去了编程辅导班。小学生去学编程绝不是一件简单的事。所以，辅导机构会用一些与编程相关的游戏，或孩子们喜欢看的动画片来诱惑孩子。所谓的"编程幼儿园"只是把编程教育添加到保育课程当中，所收的费用却堪比双语幼儿园。如果将来的编程教育是从小学高年级开始的，那么这些孩子们就是提前了五六年，即从幼儿园就开始接受相关的教育。

让孩子从入小学之前就开始上价格不菲的编程课程，效果到底会有多好呢？首先，我们要了解是"谁"来负责教育我们的孩子。在有些辅导机构中，担任老师的并不是编程领域的专家，而是用一些取得了民间编程资格证的老师去替代。这种资格证，只需要在短时间内集中地上一些课就能够轻易取得。在编程被纳入义务教育课程后，一边是无论如何都想让孩子提前接受正规的编程教育的妈妈，一边是在短时间内就能速成的编程老师，辅导机构就这样把这两者巧妙地进行了对接。

最近"Mom 咖啡厅"越来越多了。如果在那里仔细听妈妈们的对话，很快就会了解目前课外教育市场是如何运转的，现在的家长都选择哪几家辅导机构。近几年，少儿编程简直是热点话题，但很多父母对此怨声连连。

"以后学校的编程课程大多也是在好多学生已经接受过编程教育的前提下展开"的说法有很多。对于一些正单纯地准备让孩子只在学校接受编程教育的妈妈们来说，这简直是晴天霹雳。因此，现实情况就是，这些妈妈会感觉到"如果当我家孩子在学校第一次接触编程时，别的孩子都已经在辅导班学习过了，意味着我家孩子已经落后一步了"。她们开始动摇了。

可能是草率的决定

那么，如果在辅导班超前学习编程，孩子肯定能上一个好的大学吗？想到著名棋手与阿尔法狗的围棋对决，人工智能好像确实对社会产生了很重要的影响，所以，与此相关的编程看起来的确很重要。但如果等 12 岁的孩子长大之后步入社会时，可能又是一个与我们现在所说的第四次工业革命截然不同的世界，这种可能性很大。当现在的小学生进入职场时，也许有 70% 的工作会由机器人来代替。我们的孩子辛辛苦苦学了编程的结果，很可能会是连编程的工作都由机器人完成。事实上，编程教育并没有发挥什么实际的作用，当现在的小学生成为大学生时，编程的重要性可能也会大大降低。

当开设像编程这样的新科目时，相关辅导班就会像雨后春笋一样以惊人的速度出现。当然，编程的确很重要。像美国、英国、日本这样的国家，早在许多年前就已经将编程纳入正规课程当中了，编程教育纳入义务教育似乎是必然的趋势。但我们的编程教育以后将如何发展，目前还无法轻易做出判断。

记得我们小时候学过的 DOS 系统吗？毕业之后有运用到实际的工作当中吗？其实对于未来，没有人能百分百确信编程能运用到实际的工作中。首先，这不是孩子们想要学的。再者，我们没有必要在对像编程一样的新科目没有任何了解的情况下就逼着孩子去上辅导班。如果我们在小时候就花钱在辅导班学了 DOS 系统，那岂不是浪费了吗？最近，身边的过量信息（TMI，too much information）真的很严重。希望我们不要轻易就被左右。

跟不上可不行

在放学后的小学正门口，停着一辆跆拳道馆的校车。不少踏出学校正门的孩子自然而然地就上了这辆车，然后被拉到跆拳道馆。但在跆拳道馆，孩子们练的不是跆拳道，而是跳绳。啊，原来他们是为了准备学业评估，努力练习跳绳啊。难以置信，跳绳竟然也需要课外辅导。

辅导班的第三种营销手段，是利用了妈妈们对教育市场发展的过度敏感。

将跳绳纳入考试选拔体系是为了了解并发掘孩子们的运动才能。跳绳确实是一项有益于人体健康的运动，但这种好处只有在带着毫无负担、快乐的心情去做时才能发挥出来。跳绳辅导班的火爆并不是因为家长重视孩子的身体健康，而是源于跳绳在中小学体育考查中地位的极大提升，尤其是有些地区还被纳入了升学的选拔体系，甚至还有"加分"。相信现在的家长们对"1分钟跳绳"都不陌生，这是小学一到六年级的测试内容。以小学一年级学生为例，男女生1分钟跳绳的满分标准分别为109个和117

个，如果跳多了还能加分，每多 2 个可以额外获得 1 分，上限是 20 分。

对于学生们来说，学校硬要以"你是跳绳跳得好的孩子，你是跳绳跳得不好的孩子"的评价去做一些无所谓的打分。一年级男生只有能在 1 分钟之内跳出 109 个才会得满分。实际上，只要能用双脚连续跳过去甩下的绳圈，就能对提高肺活量产生作用。

如果连跳绳都要打分，那么相关辅导班的出现就不算怪事，妈妈们开始关心这方面的课程也是必然的。尤其像体育这样的科目，每个人的表现都被别人看在眼里。孩子如果做得不好，也许还会感到丢脸。

妈妈：在学校发生什么事了吗？考试没考好吗？

孩子：没有。如果是考试没考好的话，再多学学就行了，但是是别的问题。

妈妈：到底怎么了？跟妈妈说说。

孩子：我在规定时间内，没办法跳那么多个。

妈妈：啊，什么意思？你说的是跳绳吗？

孩子：嗯。只有跳够 109 个才能得满分。但是真的太难了。

现在的教育还是离不开考试。这很明确，不会给你留有辩解的余地，只能找出正确答案。因此，当跳绳作为一项考核项目，并设置了考核标准时，孩子被要求展示与标准相对应的实力。人们习惯了把精力集中于标准，所以，寻找标准的过程必然就显得没那么重要了。标准只有一个，因此所有的孩子都为了追求唯一的标准而努力。不论孩子具备多么出众的跳绳实力，如果不按照学校规定的标准来，那么就无法取得好的成绩。结果，非常有创造性的孩子到了高三时，思维方式也会变得跟其他普通学生没什么两样了，这是普遍现象。

有一个国家，与我们的教育方式截然相反，因此常常被提及，那就是芬兰。"芬兰式教育"被写进很多本书里，甚至有些电视节目直接去芬兰这个国家体验了他们学校的课程，这个国家的教育方式展示了非常理想化的公共教育方式。

我们非常重视语文、数学、外语。但芬兰却从不忽视培养艺术性和创意性的文体教育。芬兰的孩子从小就能够与艺术近距离地接触，也有很多通过音乐与舞蹈去展现自己个性的机会。他们不会像我们的孩子一样为了取得评级证书而去学习文体科目。

我们也能从芬兰学校的课堂里看出学校是如何尊重学

生们的自主性的。在芬兰，学生们是不会因在学校使用手机就被教训的。相反地，他们会在课堂中好好利用手机去学习。他们甚至会用手机通过单词游戏的形式来上语言课，学生们讨论的积极性也很高。

虽然我们小学课堂上讨论的积极性相较于之前提高了许多，但有很多还是为了得分而进行的讨论。因为讨论积极性也是被评价的项目之一，所以与其说学生是为了表达自己的观点，不如说他们是为了展现自己的表达能力而反复进行表演，学生和家长们的注意力也大多集中在后者。这与芬兰学生们单纯为了对规定的主题将自己的观点进行整理表达截然相反。

因为他们从小就练习用自己的方法去寻找问题的解决方案，而不是像我们的学生一样为了寻找答案，在辅导班以同样的方法去解题。芬兰学生们的注意力不止集中于寻找答案的过程，所以芬兰学生的家长们也不执着于课外教育，因为他们认为学校不是一个专门为了寻找答案才去的地方。

优等生也在上辅导班，所以妈妈会觉得我的孩子也应该上辅导班。家长普遍认为，如果不接受课外教育，那么提升学习成绩是一件非常困难的事，所以都选择去上辅导班。只有学得快、答得快的孩子才被认为是聪明的孩子。

但仔细想想，其实选择权也掌握在我们自己手中。因为跳绳上辅导班是为了在跳绳这一项目上拿到一个高的分数。可就算跳绳分数低了一点儿又能怎么样呢？我们没有理由非得让孩子在所有科目、所有考试中都名列前茅，我们也没有必要为此过于心急。因为妈妈们的焦虑情绪正是课外辅导机构所盼望的。

因为别人家的孩子

辅导班的营销策略之四：利用家长的攀比心理。

一旦掉进辅导班的沼泽当中，就很难再出来了。对于上辅导班这件事来说，只有迈出第一步才是最难的。只要开始去，就很少有人会在高考之前的这一段时间里停上辅导班。如果总是与身边的人进行比较，那么就会失去判断力。一件事只要别人家的孩子做了，那么，不论适不适合自己家的孩子都会跟着做，这种情况常常发生。

"英语训练营"就是一个典型的例子。英语实力不会在短时间内快速提升是一件人尽皆知的事情。但就算是这样，每年只要一临近寒暑假，就会有很多妈妈开始考虑要不要去英语训练营。以前，英语训练营还只是少数富有家庭的孩子才能参加的特别项目。但现在呢，一个班里面就有不少孩子会报名参加英语训练营。英语训练营到底会对孩子产生多大的帮助呢？

英语训练营的真相

英语训练营不仅会由一般民营企业来举办，有些学校也会组织举办英语训练营。学校举办的英语训练营相较于一般民营企业举办的看起来更值得信赖，所以更受妈妈们欢迎。但不能单单因为是学校运营的项目就无条件地选择相信。因为也有学校把这种项目单纯当成是宣传学校的工具。

对于海外英语训练营当中的授课老师，我们也有必要仔细去了解一下。在英语训练营中，这些教孩子的老师是谁呢？所有老师都是教育学院毕业的正式教师，或是从师范学校相关专业毕业的具有专业知识的人吗？不一定。对于英语训练营来说，因为时间非常短，所以很多教育机构都是以兼职的形式雇用临时教师。

一说到海外英语训练营，我们就不得不提到费用了。参加一次英语训练营大概需要几万甚至十几万元人民币。一提到英语训练营，我们就会想到美国、加拿大这些北美国家，但这些国家的花费都是相当高的。所以，当我们下定决心想要让孩子参加英语训练营了，但又觉得费用负担太大的话，就会开始把目光转向东南亚国家了。那里费用相对来说比较低廉，在地理位置上又与我们比较近。但是，当我们真的去了菲律宾，又会有什么样的感受呢？菲律宾国民的英语实力比我们国民要高吗？邻居家的孩子已经去美国接受了为期三周的短期英语培训，那么，妈妈就会觉得起码我家的孩子也得去趟菲律宾吧。我们要反省一下是否正是诸如此类的攀比心理才夺走了我们的判断能力。辅导班就是巧妙地利用了妈妈们的这一心理，不断地诱惑着我们。

英语训练营是在寒暑假期间举办的短期项目。当然，英语能力也有可能在训练营期间得到提升。但这种情况只会在去训练营之前就努力学习的极少数孩子们身上发生。单纯因英语训练营就大幅提高英语成绩是很困难的。妈妈们当中也有很多人在大学期间参加过语言研修项目吧？回想一下，当初参加完语言研修回来之后，我们的英语能力到底有了多大变化，据此我们就能估计出孩子在 3 ~ 4 周的英语训练营期间，英语能力会提高多少了。

辅导班就是通过将我们家的孩子与别人家的孩子进行比较，来不断攻破妈妈们的心理。临近寒暑假，辅导机构就会因英语训练营说明会变得忙忙碌碌。这种说明会以前大多都是针对高中学生家长，但现在，更多的是针对初中学生家长。到了最后的环节，海外英语训练营说明会就会给妈妈们展示去年参加过英语训练营的孩子留下的参营后记和与外国小朋友一起照的亲密照片，并对妈妈说"现在该轮到咱们家的宝贝了"，以这样的形式不断诱惑着妈妈。

英语训练营不是唯一的选择

当然了，英语训练营不是只有坏处。在青少年时期能够去国外开阔眼界是一段很珍贵的经历，他们能亲自接触到之前只有在电视上或书上看到的世界。关键点是，我们支付了昂贵的费用，孩子们的英语能力就真的能像辅导机构所说的，提高得那么快、那么好吗？也许，我们其实明知道不可能，但还甘心被骗着。

参加海外英语训练营的费用足以支付大部分家庭一家人的海外旅行费用。这些钱足以让爸爸、妈妈和孩子一起制订出游计划，逛当地的传统市场，探访遗址，亲身体验异国文化。在出发之前，还可以让孩子提前与爸爸妈妈一起学习那个国家的基础语言和文化。英语训练营中的参与者大多数都是本地小朋友。上完课之后，再使用英语去交流学习仍是一件很困难的事。我们真的有必要支付那么昂贵的费用，参加海外英语训练营吗？这是需要我们认真考虑的问题。

具备扎实的英语实力固然是好的。另外，如果孩子和妈妈都认为真的特别需要参加英语训练营，那么参加英语训练营也是非常有意义的。但我们不可以单纯因隔壁家的孩子已经去过英语训练营，产生了攀比心理，就同样也送孩子去参加。费用高昂的训练营有可能会是提高孩子英语实力的充分条件之一，但绝不可能成为必要条件。我们不要再掉进辅导机构给我们设计的陷阱里去了。

我们为什么要把孩子送进辅导班呢？

1. 过早为孩子的学习成绩感到焦虑

我家孩子需要接受超前教育。

2. 怕被人落下

班里同学都是在课前参加过编程辅导班的。

3. 对于教育政策太过敏感

跳绳分数会影响升学分数。

4. 攀比心理

我们也能让孩子去得起英语训练营。

我是为了躲妈妈才去的辅导班

老师 美珍，很高兴认识你。你几岁了呀？

美珍 今年要上初一了。

老师 入学考试准备得怎么样了？有没有什么担心的地方呢？

美珍 准备入学考试的时候，我发现身边所有的朋友都在上辅导班。但我还没有上过辅导班。其实我并不想去。但妈妈总是催促我，跟我说该上辅导班了。

老师 你为什么不想去辅导班呢？

美珍 因为就算上了辅导班也不知道在学什么课程，也不知道该从哪儿开始学。

老师 你是觉得只有真正感觉需要了，才想去上辅导班吗？可你的妈妈说你现在也能感觉到上辅导班的必要性呢。

美珍 嗯，对。但其实真实原因是妈妈总说"少玩点儿手机，赶紧去学习"，不想再听妈妈说这些了，我才主动说可能要去辅导班了。

老师 所以你想去辅导班的原因不是为了学习，而是为了暂时能够避开妈妈是吗？

美珍 嗯，是的。但就算真上了辅导班，我也不觉得我会多努力学习。

老师 如果上辅导班之前就没有信心能够努力学习的话，那现在看来确实没有上辅导班的必要。

美珍 嗯，所以我现在不知道该怎么办。

老师 如果把上辅导班当成了一个能够避开妈妈的工具，那么我认为现在你更需要的是与妈妈沟通。你的妈妈以为你说要上辅导班是为了努力学习呢。我还是觉得你应该去跟妈妈说实话。

老师的建议
请多与孩子沟通

　　有很多妈妈一听到孩子主动要求上辅导班，就觉得孩子特别乖、特别懂事。但其实很多孩子选择上辅导班是因为其他一些理由，而不是因为学习。如果妈妈经常在家里对孩子说"去学习会儿"，那么孩子就有可能把辅导班当成一个能够避开妈妈的地方。也有很多孩子会因为身边大多数朋友都在上辅导班，觉得上辅导班可以结交更多的朋友，所以才选择去上。请各位妈妈与孩子进行沟通，引导孩子自己做出正确的选择。请去了解一下，孩子真正想要的是在辅导班认真学习，还是有其他原因。请多聆听孩子真实的想法。

3　报辅导班时，务必坚守的原则

> 把目光放长远一些，
> 把孩子送进大学之后
> 会发生什么事呢？
> 现在，
> 对于我们的家庭来说，
> 最重要的是什么呢？

不要盲目为了孩子的教育
而倾尽所有

不论辅导班用怎样的营销手段来诱惑我们，有几点原则，我们必须要坚守。

第一，就是"一个家庭的经济"。课外教育费用绝不可以对一个家庭的经济产生威胁。如果孩子的课外辅导费用占据了一个家庭绝大多数的支出，那么这个家庭的生活必将坍塌。

当一个孩子开始接受课外辅导，那么孩子的家长往往面临着要选择抛弃某些东西。当原本不存在的"辅导费用"成为必要支出时，妈妈们就会开始思考计算要在哪些地方减少支出。其实，这时减少课外教育费用就是解决问题的最好办法，但因妈妈的"与邻居家孩子的攀比心理"，使这一方法已经变得不可能了。比起增加课外教育费用，减少课外教育费用反而成为一件更难的事情。

有很多人都说不用太在乎钱，但说实话，钱却是我们日常生活当中最重要的一个因素。钱虽然不用太多，但如果匮乏的话，就会感到非常不便。

当我们家还没有孩子的那段期间，看见别的家庭因孩子的辅导费而发愁时，我们根本就无法感受到那种痛苦。甚至会感觉"为什么非得在孩子的辅导费上投入那么多呢"。但结婚后的时光真的过得飞快，孩子仿佛一会儿就长大了。与此同时，支付辅导班的费用也一起飞快地增长，甚至都到了吓人的程度。就算不考虑课外教育，在某些物价较高的地区衣食无忧地生活也不是一件容易的事呢。

一旦开始，就很难削减的课外教育费

就算有还没选择课外辅导的家庭，也很少见课外教育费用逐年减少的家庭。当父母的年龄超过 40 岁，准备制订理财计划时，孩子的课外辅导费就成为一个需要考虑的重要因素。如果在没有任何明确计划的情况下，道听途说了几家不错的辅导班，就把孩子送进去的话，那么工资短暂地停留在你的银行卡上之后，就会立刻被辅导班划走。

"子女教育 VS 养老准备"哪个更重要一些呢？如果直接问的话，选择养老准备的人会比较多。但老年之后的生活现在是看不见摸不着的啊。比起这一点，大多数人还是觉得怎样想办法提高孩子明天的期中考试成绩才显得更为重要。有时，我还会有这种想法："我上学的时候，因为家里的经济条件，所以没办法上自己想要去的辅导班。"妈妈们都不想让孩子再体会自己儿时的痛苦。没有办法，可能这就是父母们爱子女的表现吧。

现在，国家规定的退休年龄是五六十岁，但人类的平均寿命却在不断地增加。另外，人们结婚也变得越来越晚，所以父母在 50 岁时，孩子还没有上大学的情况也不在少数。在孩子面临高考的时候，爸爸也正好面临退休，而需要支付的教育费用却变得越来越多，这真的会让人进退两难。

上辅导班对于提高一个学校的平均成绩肯定有一定程度的帮助。上辅导班，看起来比只在学校接受教育，能提高学习成绩的概率更高一些。但世界每天都在发生着变化。

现在，大多数父母让孩子接受课外辅导的目的就是为了让孩子能够去名牌大学。自出台大学扩招的教育改革政策以来，大学录取率从最初的 34%，增长到现在的 70% 左右。随着大学录取率的节节攀升，就业变得异常艰难。近些年，有关大学生转行做个体、送外卖的新闻层出不穷。大学毕业了依然找不到工作而强制在家里待业的青年也很多，这一社会问题已经不是一天两天的事了。寻找一个方案来解决课外辅导让家庭经济负担加重这一问题刻不容缓。

　　盲目地把家庭绝大多数费用投入到孩子的辅导班上是一件效率非常低下的事情。现在这个时代需要我们更加慎重地去选择辅导班。

为了升学而搬家
真的可取吗？

　　面对辅导机构的诱惑，我们需要坚守的第二个原则就是"一个家庭的居所"。

　　现在，房价好像变成了一个永久的热门话题。决定房价的主要原因之一就是"子女们的学习环境"。所以也有很多父母毅然决然地搬到好学区来，因为大家都认为相对于其他地区来说，好学区有更好的学校，有水平更高的辅导班，升学率也更高。

往更好的地方搬

　　以首都为例，当地的妈妈们不断地想办法让孩子进入具有顶尖教育资源的市辖区。如果感觉不可能，就会考虑教育水平较好的市辖区。如果感觉连进入首都都有点儿困难的话，就会考虑临近首都的城市。从这里我们真的能够看出妈妈们不想脱离首都周边的强烈意志。房价完美地体现了妈妈们想要送孩子进一个好学校的强烈渴望。

当一个家庭的经济实力不足以这么做，还依然勉强时，就会产生一系列问题。就算进入了教育水平最高的市辖区，非本地出身的妈妈们也要做好面对气势汹汹的本地妈妈们的准备。因为在这一片区域，父母们的财力和精力决定了孩子所上辅导班的等级。因为课外辅导市场非常发达，孩子们咬着牙也要与身边的朋友们进行竞争。

如果想让孩子上一个名牌小学，那么就要搬家搬到那所学校所在的学区。每当临近孩子幼升小、小升初时，房地产市场就会变得格外热闹。热门学区房咨询量就会比平时高 3 ~ 4 倍。"学区越好，房价就越高"是人尽皆知的道理。通常人们都比较嫌弃 2000 年以前建造的小区，但在好学区，连老房子都会供不应求。只要所带的上学名额还在，房子就会马上被抢光。所以在首都，连搬家都变得很不容易。

"房价 = 名牌大学入学率"的公式现在都已经不新奇了。孩子住在哪个小区就决定着能上什么样的大学，所以学区房的价格普遍高于其他小区的房价。

"富人越来越富，穷人越来越穷"这一说法在孩子的教育方面显现得更为淋漓尽致。好像只有子弹足够多的士兵枪才能打得更准。在聚集了许多昂贵辅导班的地区里，居住着一群富有的家长，他们不遗余力地把钱花在子女的课外辅导当中。人们对于辅导班的需求很大，所以供给也大是必然的结果。

如果居住在首都郊区且感觉经济上还比较有余力，孩子也希望去顶尖学区念书的话，这当然是没有问题的。因为只有成为这里的妈妈，才能更快接收到有关入学的各种信息，把孩子送进优秀学校的概率也会变得更高。有很多妈妈认为只要孩子能上一个好的大学，就算成为两地分居家庭，也是在所不惜的。

我们没有必要太执着于眼前的现实。至少，孩子们应该有权利选择去哪里，以及怎样学习。难道想要取得一个好成绩，真的非要住在特定的区域里吗？我们有必要思考一下这个问题。

比学习成绩更重要的东西

在面对辅导班的诱惑时，我们一定要坚守的第三个原则就是"与孩子之间的关系"。

真的是很奇怪。为什么感觉除了自家的孩子以外，别人家的孩子学习都那么努力，学习成绩都那么好呢？深感无奈的妈妈对孩子说："隔壁家的哲秀都没有上过辅导班就……"

妈妈刚要说话，孩子就已经是很恼怒的状态了。孩子受不了妈妈的唠叨，把门一摔，就出去了。但是妈妈真的是不理解。

"他怎么这样啊，我什么时候说过这样的话。今天明明是第一次。"

但其实不仅是哲秀，英姬、美爱、英秀都是一样的。不知道从什么时候开始，父母和孩子的想法几乎无法在交流过程中达成一致。为什么会这样呢？

父母和孩子之间的缘分真的是特别伟大。在全球 75 亿人当中，只有一个人能够成为我身边的孩子。还是在 237

个国家当中的这个国家遇见的。但就算在这段珍贵的因缘当中，随着孩子的长大，父母与孩子相处的时光也并不都是快乐和美好的。在孩子结婚，重新组建一个家庭之前，要与父母在一个房子里一起生活近三十年，如果连一次矛盾也不发生才是一件奇怪的事。随着时间的流逝，孩子的主见越来越强，看着这样的孩子们，妈妈只会觉得越来越惋惜、惆怅。

妈妈的怒火

那么，妈妈正式开始发火是什么时候呢？是孩子开始上辅导班，妈妈开始为孩子的学业操心的时候。愤怒是人们觉得在重要的事情上再也无法用语言好好地说明时产生的情绪。当父母们觉得再也无法用既有的方法去控制孩子的时候，就会产生愤怒的情绪了。随着孩子逐渐长大，妈妈越来越关心孩子在学校的学习成绩，学习成绩也成了孩子最主要的压力来源，这时，父母与孩子之间的矛盾就出现了。

有时，"愤怒"也不失为一种有效的方法。孩子的年龄越小就越有效果。如果从小父母就非常严格，那么父母的怒火很可能会有效地压迫孩子。但在孩子从小学低年级升到小学高年级时，通过发火去控制孩子的方法便渐渐失效了。

一旦开始上了初中，孩子就变得越来越有主意。孩子把自己的想法整理好之后清楚地向妈妈解释说明，但妈妈反倒对孩子大喊："你跟谁顶嘴呢！"就这样，妈妈和孩子都陷入了无法控制愤怒情绪的情况之中。

在与子女的关系当中，不觉得妈妈们的作用就是训诫吗？回想起学生时期与妈妈对话的场面，不论妈妈说的话有多正确，只要觉得是在训诫我，而不是在与我沟通，就会觉得"原来我妈妈也一样，真是无可奈何"。然后就想要回避与妈妈的对话，或可能成为吵架的导火索。

在父母与子女的关系当中，当"强迫"登场时，事情就会逐渐往不好的方向发展。妈妈明明是在提出一些建议，但孩子总是觉得妈妈在强迫他。如果不想让这种事情发生，平时就要多说一些积极正面的话来鼓励孩子。我们自己也是一样，面对平时能够给予力量的人说出的建议和讨厌的人提出的意见时，心态上是会不一样的。

仔细观察一下身边的孩子，我们会发现绝大多数孩子对游戏或恋爱更感兴趣，而不是学习。所以，就算送孩子上辅导班，他们在短时间内提高学习成绩的可能性也是小之又小。这绝不是因为只有我家的孩子才不喜欢学习。把孩子们送进辅导班后，他们也不太爱学习，是因为勉强学习真的太累了，况且身边有趣的东西实在是太多了。那么，孩子们到底为什么觉得学习很累呢？

或许，我们需要反省一下，平时我们对孩子说的大部分话是不是都跟学习相关呢？花钱把孩子送进辅导班之后，与学习相关的唠叨就自然而然地越来越多了。当孩子对妈妈说想要试着在家里自己学习时，你有没有对孩子说过"你就好好上辅导班吧"之类的话呢？绝不是只有好好上辅导班的孩子才是乖孩子，也不是只有取得了好成绩的孩子才是乖孩子，更不是只有考上重点高中的孩子家长才完美地尽了作为父母的责任。

说实话，这个世界上有太多太多比学习更重要的东西。也许我们家的孩子并没有隔壁家的孩子学习成绩那么好，可我们家的孩子更受大家的欢迎，也有可能因看了很多书而比其他人都擅长讨论。

如果把孩子送进辅导班之后，孩子的学习成绩反倒下降，父母与孩子的摩擦也越来越多，那么请父母试着多去发现孩子的长处。妈妈能够为孩子提供帮助的最主要原因就是妈妈已经走过了孩子目前正在走的路。妈妈还在上学的时候，只是没有目前这个时代的互联网和智能手机罢了，因学习而与父母产生的矛盾都是我们经历过的。

孩子目前的这种状况，妈妈其实都有经验，完全可以担任孩子的精神导师。我们没有必要非得努力去强迫孩子，只要把想在孩子身上看到的样子自己先展现给他们就可以了。如果想让孩子在辅导班更认真地学习，那么首先要让孩子看到自己为了目标而努力工作的样子。

"妈妈为什么总是看书啊？"

"妈妈为什么那么努力运动啊？"

哪怕只是想象一下被孩子问到这些问题的样子，不都会觉得很开心吗？一边回答孩子的问题，一边对孩子说："妈妈希望我们家宝贝也能在学校和辅导班更努力学习"，那么孩子肯定能够充分感觉到妈妈的真诚。

上更多的辅导班之后，孩子们的学习任务越来越重，孩子也变得越来越敏感。我们送孩子上辅导班肯定不是为了跟孩子吵架吧。为了孩子，如果妈妈以自己的行动作为示范而不只是说说而已的话，那么孩子也肯定会往更好的方向去改变自己。

4 孩子进入辅导班后，
会遇到的问题

"

综合各方面的考虑之后，

还是决定

把孩子送进辅导班?

那么这一点一定要考虑。

"

站在选择的
十字路口

现在可能要开始苦恼了。

"把孩子送进辅导班真的是正确的选择吗？去了补习班成绩就一定能提高吗？"

当然，这个问题是没有标准答案的。每个人的学习方式都不一样，所处的环境也不同，因此没有办法轻易下结论，我们有必要思考一下。

比辅导班的等级更重要的是孩子的学习水平

目前，大多数辅导机构的课程安排都是按照优等生水准来制定的。虽然辅导班都承诺会帮助成绩较差的学生提高到优等生水平，但事实却并非如此。我们来观察一下辅导班所强调的事项就清楚了。辅导机构都会强调"今年，我们辅导机构培养了 ×× 名考上了 ×× 高中的学生"，而想要找到自称"在我们辅导机构的帮助下，20 多名处于后80% 的学生的数学平均分提高了 60 分"的辅导班几乎不可能。因为这就意味着自己在向父母们打广告说，有很多成绩不好的孩子都在我们辅导班。所以，最终我们选择辅导班的最重要标准就成了"有多少学习成绩好的孩子现在在上这个辅导班，这个辅导班培养了多少个名牌大学生"。因此，事实就是，虽然自己的孩子学习成绩处于年级下游，但却把他送进了以培养了多数优等生的辅导机构中，而且对孩子抱有过高的期待。但如果仔细去了解的话，那个辅导班是以我们家孩子并不需要的深化课程为主，他可能还会因为缺乏基础知识而无法跟得上校内进度呢！很明确，选择辅导班的标准应该变成"开设符合我们家孩子水准课程的地方"。

如果哪个辅导班自称自己培养出了很多位考进名牌大学的学生，那么原因可能就是很多优等生都是在这个辅导班报名的。如果，现在我的孩子不是优等生的话，我们就不能被辅导班所强调的数据所蒙骗过去。

虽然辅导班可以补充一些在学校没有学到的知识，但其实不论学校还是辅导班，课程都是以一对多的形式来进行的。就算是在辅导班，孩子与老师经常进行频繁的有效沟通还是比较困难的。另外，如果进入一个新的辅导班，那么辅导班就会默认孩子已经完全掌握了之前班里学生所掌握的知识，并在此基础上开展课程，所以进入一个新的辅导班的孩子，在前三个月都会感到尤其吃力。在这段时间很多孩子感觉到非常吃力之后，会产生放弃或再转到其他辅导班的想法，这时妈妈减少干预反而对孩子有帮助。因为在孩子还没有完全适应新的辅导班的状态下，妈妈就强硬地过多干涉孩子的生活，反倒会适得其反。

小心新的辅导班

在孩子上辅导班的过程中，妈妈们会有偶尔动摇的情况，那就是这附近新开了一家评价非常好的辅导班。因为并不是所有人都对目前孩子所上的辅导班百分之百满意。所以，当这附近新开了一家大型辅导机构时，妈妈会比孩子先动摇。具有一定规模的辅导班都会按照等级来开设班级。所以，自己的孩子被分配在哪个等级的班就成为了妈妈的一种"自尊心"。班级的等级越高，教学进度就越快。所以就算是孩子现在刚升入初中，就已经在进行初二下学期的课程，而隔壁家的同龄孩子却在进行初三上学期的课程了，妈妈就会感到有点儿失落。在这种情况下，如果这附近新开了一家比现在上的辅导机构规模还要大的辅导机构，那么妈妈们就会想"要不要去接受一下等级测试呢"，然后呢，这些辅导机构肯定会把免费的等级测试券发放到妈妈们能看到的地方。就这样，做完等级测试之后，再佐以这样的话术——

"咱家宝贝是一个非常聪明的孩子，理解力和记忆力都非常强，但是现在这种学习方法好像有点儿不太适合他。如果来到我们辅导班，从目前所在辅导班的英才班跳到我们辅导机构的顶级班中，那么他还是有希望考入重点高中的。"

这时，妈妈们就开始动摇了。本来就因为隔壁家的同龄孩子在跟我家孩子的同一辅导机构里，上着比我家孩子高一等级的课程感到不舒服，现在有机会去规模更大的辅导机构里上顶级班的课程，岂不更好？问了孩子之后，孩子也说希望跳一个等级。

在这里，我们一定要记住的一点是，新开的辅导机构都会让孩子提升一个等级来上自己辅导班的课程。也就是说，提升等级的孩子不止我家一个孩子，原因很简单。因为没有妈妈会把孩子送进一个要降一个等级的辅导机构里。我们希望从辅导机构获得什么呢？我们希望自己孩子所处的班级等级越来越高，把别的孩子甩在后面。

新辅导机构的顶级班真的会由真正符合顶级班实力的学生组成吗？就算答案为是，那也是因为他们在之前上过的辅导班打下了坚实的基础，才能拥有进入顶级班的实力。

辅导班就只是辅导班而已

单纯因妈妈的贪心就给孩子换一家辅导机构是一件非常危险的事。有很多家长在给孩子转学的时候很慎重，但一提到换辅导班就很随意。不论是学校还是辅导班，对于孩子来说都是一个新的环境，所以我们千万不能随意对待。

如果孩子换了一家新的辅导机构，那么刚开始先不要太心急。在新的辅导班中，有很多孩子都是从别的辅导班转过来，或接受过家教辅导的孩子，来新的辅导班之前主要是通过自主学习的孩子少之又少。换句话说，这些孩子尝试过很多其他方法，都没有太大效果，所以才选择换辅导班的。

在这种情况下，大部分学生的共同点就是没有"能长期坚持一件事的毅力"。这样的问题，就算是换了一家辅导机构，也还是会存在。问题的落脚点依然是考试。平时，当妈妈觉得"新的辅导班应该适应得还不错吧……"，但看到孩子的考试成绩时，妈妈还是会勃然大怒。

就算是成绩有提升，也有很多家长觉得"不是，怎么换了一家辅导班，成绩才提高这些啊"，然后就开始联系辅导班老师了，但却很少能听到明确的答复。反倒会听到很多类似"检查过孩子辅导班的习题册吗""其实宇轩经常不写作业"这样的答复。能听到想要的答复的情况非常少。

上了辅导班，孩子成绩也没有提升的情况其实非常多。辅导班不会以一对一的形式对每一家孩子进行认真辅导。如果孩子真的有一些短板，而且这个短板是能通过家校之外的第三方力量去得到补足的，并且经济上能够负担得起的话，家教有时也不失为一种好的选择。

辅导班可以通过组织孩子们进行超前学习来赶进度，但不论是什么样的名牌辅导班，都没有办法针对每个孩子所有的薄弱点来立刻提升孩子的学习成绩。

要学会倾听孩子的想法

我们该怎样选择辅导班呢？上初中之前，一般不会有孩子自发地学习。所以家长们会依赖于课外教育，找各种不同的辅导班。这也是没有办法的现实。大型的辅导机构具备比较完整的体系，课程也比较不错，但老师们也会被频繁地挖走，所以换老师是常有的情况。一旦孩子掉以轻心，没有跟上教学进度的话，跟不上全班整体进程的情况就时有发生。因为学生太多，老师们根本无法对每一名学生都认认真真进行辅导。虽然在小区里的数学辅导班里，老师分配到每个学生的精力会比较多，但每个孩子的实力可能会差距比较大，因此会经常发生因其他学生而没有学到需要学的知识点的情况。我们选择辅导班要根据孩子们的实际情况来考虑。

　　妈妈有必要对孩子的辅导班学习生活进行一定程度的干预。这不是为了给孩子增加压力，而是通过这样的方式能够与老师进行有效沟通，看看有没有什么部分是可以在家里进行补充的，这可以让孩子的辅导班学习生活更加有效率。比起因每次的考试成绩而带着怒火给辅导班老师打电话，倒不如针对孩子的"学习态度"，平时多与辅导班老师沟通。去辅导班只是若无其事地坐一会儿、喝会儿茶，跟观察孩子实际上课的样子，效果简直是天地之差。

妈妈不相信我说的话

老师 智善，很高兴见到你。你是不是对妈妈说过非常不想去辅导班的话啊？

智善 嗯，是的。我真的太讨厌我现在上的辅导班了。

老师 你的妈妈说你可能是因为上了辅导班成绩也没有提升，所以感到非常有压力，但其实有很多学生和你一样，就算上着辅导班成绩也没有提升。所以，你到底为什么不想去辅导班呢？

智善 其实，我是跟辅导班老师吵架了。从那以后我就更不喜欢去辅导班了。

老师 你能告诉我为什么跟辅导班老师吵架吗？相比于学校里比较严肃的老师，辅导班的老师大多比较平易近人，所以其实，很少有学生会跟辅导班老师产生矛盾呢。

智善 最近，因为学习成绩，妈妈会给我很大的压力。在那样的状态下听辅导班的课，只要有一点儿不太好的事情发生，我好像就会控制不住自己的情绪。

老师 原来是这样。那这样看来，其实真正的问题不是辅导班，而是妈妈给的压力对吧？

智善 嗯，对的。感觉妈妈真的太无视我了，甚至这次数学考试我就错了两道题，妈妈还说我。

老师 那你有跟妈妈诚实地说过你真实的感受吗？

智善 没有，就算说了也没用。说不说结果都一样，都会是以学习成绩来结束谈话。我真的是因为失误才答错了那两道题的，并不是不会，但妈妈就是不相信我。

老师 如果没有办法和妈妈面对面沟通，那么也可以想想其他办法。比如说，可以通过文字的方式与妈妈沟通。如果换一个辅导班，就能够改善与妈妈的关系的话，这也不失为一个好的办法呢。

智善 如果跟妈妈说想换辅导班的话，妈妈肯定会发火的。

老师 也有些同学说通过在辅导班跟朋友们聊天，以及在课堂上集中精力听课的方式缓解了妈妈在家里给自己施压的压力呢。在决定放不放弃上辅导班之前，我认为还是要对妈妈诚实地表达出自己对于压力的看法，我觉得这样更好一些。

老师的建议
请倾听孩子的想法

　　不要以为孩子上了辅导班就万事大吉了，这反倒只是个开始。当孩子抱怨上辅导班压力大，或者抱怨遇到的困难很大时，你有没有责怪过孩子没有毅力、不够努力呢？孩子有可能比我们想象的更加烦恼。首先，请倾听孩子的想法。父母倾听孩子这件事本身，对孩子来说就有可能是一种力量，也更有可能帮助孩子解决困难。

1.帮孩子定一个目标

成绩优秀的孩子们都有一个什么样的共同点呢？那就是带着"目标"去学习。周围其实有很多学生没有明确的目标，就只是努力学习，这样会很容易放弃的。因为没有一个明确的希望达到的目标，就不知道终点在哪里。引导孩子制订一个目标吧。而且这个目标越经常看越好，越经常听越好。当问一个成功人士"你的目标是什么呢？"时，他肯定会毫不犹豫地回答出来。如果问他是怎么做到马上就回答出这个问题时，他肯定会回答说："今天早上我还看了一眼这个目标呢。"

2.让孩子玩一会儿吧

明明知道要给孩子提供"充分的休息时间"，但这一点做起来却很难。因为不论如何，我们都对孩子的学习成绩比较感兴趣，而不是孩子的休息。所以看着孩子还在那儿玩，我们就气不打一处来。足球队员不论参加多少比赛，一周也只不过有两次训练而已。因为不断地练习只会让人感到疲惫。休息跟学习是一样重要的。

3. 跟孩子讨论一下要学习的理由

学习有助于实现梦想。富二代为什么会成功呢？因为他们会为了守护自己的金汤匙而努力。学习的理由很明确。每个人都有过思考"我为什么要学习"而陷入低谷的经历。能克服这一点的最有效办法就是自己对自己说："啊，对了！我是因为这个才这么辛苦地努力学习的！"

4. 不要吝啬自己的表扬

妈妈们有一个共同点，孩子这次考试考了 99 分，这怎么看都是一个很高的成绩，但她们就是不表扬孩子。

"再努点儿力！快 100 分了！"

孩子有点儿不知所措。如果孩子真的考了 100 分，妈妈真的会慷慨表扬自己吗？

"挺好。但不能掉以轻心，不然就很有可能重新回到 99 分。"

孩子们感觉很伤心，因为不论怎么样都得不到表扬。千万不要拒绝表扬，在没有任何成本的情况下，能给孩子的最好礼物就是"积极的力量"。就算孩子真的做错了，也一定要找到一些能称赞的点。在意外的情况下经历了感恩的人会永远把这份情谊珍藏起来，我们也给孩子制造一些这样的回忆吧。有一句俗话说得好，赞扬能让鲸鱼跳起舞来。

第二章

成绩提高不上去的真正原因

> 学习真的只是单纯为了
> 提高考试成绩吗？
> 请帮助孩子自己去寻找
> 学习的理由
> 并养成习惯。

为什么
要学习?

　　人只有在做自己想做的事情时才会感到开心，不喜欢做的事很难做得又快又好。如果想通过辅导班提高孩子的学习成绩，需要些什么呢？需要的是"想去辅导班的心"。但其实很难找到一个渴望通过课外教育提升成绩的孩子，因为大部分孩子的辅导班生活是从妈妈把自己拖到辅导班门口才开始的。

　　那么，孩子为什么会讨厌上辅导班呢？因为他们无法感受到上辅导班的必要性。孩子们都会产生一个疑问：为什么我非要花课外时间去学一些我不喜欢的东西？很少有学生会真正喜欢学习。事实就是，很多学生都是因为没有办法才勉强去学习的。最令初中生们困惑的问题之一就是："就算努力学习也很难考上一所好的大学，就算考上了好的大学也很难找到一份好的工作啊，所以为什么要学习？"

　　这反映了很多学生对未来的迷茫及其当下的学习心态，带着这样的心态，硬着头皮上学，上辅导班，在毫无学习热情的状态下学习，学习成绩怎么可能会提高呢？

另外，原本学习成绩还不错的学生上了辅导班之后，学习成绩反倒下降的例子也会有。大部分孩子都是被妈妈逼着上辅导班的。连有自主学习能力不需上辅导班的孩子一到小学高年级，就像是完成某种仪式一样，开始上辅导班。大部分孩子都是在进行超前学习，还不到10岁的孩子就被迫要因学习成绩而苦恼。问题在于，在这一过程中，会有很多学生完全失去"学习兴趣"。

很多中学生都对"为什么要学习"感到迷茫。因为没有人会给孩子专门思考为什么要学习的时间，家长们只是一味地执着于延长孩子们的"学习时间"而已。毫无目的地学习，也许能够让学生们坚持一段时间，但过了这段时间之后，这会变成一件特别让人感到疲惫的事情。因此，如果上了辅导班，孩子的学习成绩也没有得到提升的话，在刁难辅导班老师、逼问孩子有没有好好学习之前，请先与孩子一起坐下来，好好思考一下这一问题——

"我们为什么要学习？"

将来的梦想是成为一名网络主播

世界每天都在日新月异地变化着。与此同时，孩子们的想法也转变得非常快。直播、短视频时代的到来，让很多孩子对未来职业的选择有了新的方向。在一个"未来的梦想"项目调研中，孩子们写下最多的职业就是"网络主播"。很多小学生和初中生都很憧憬当"网络主播"。

那些视频网站上迅速蹿红的主播，抓住了时代的风口，让自己的财富得到了迅速的累积。不停有新闻爆出来，哪个主播月收入达多少钱，哪个主播在哪里买下高端别墅。这些新闻让孩子们产生一种错觉，好像只需要会两句脱口秀，不需要付出太多的劳动和学习，也能取得成功。

那么，成为主播真的跟学习一点儿不相关吗？可以明确的一点是，其实学习是分为很多种类的，不论哪一种职业，都需要学习。

知道在疫情期间爆红网络的罗老师吗？他以苦读积累的法学、哲学、社会学、心理学的知识为基础，通过视频网站纠正了许多人对刑法知识的错误认识。他正式进驻视频网站的当天，闻风而来的粉丝就破了百万。他在《罗老师说刑法》投稿的第一个视频，几天时间内就达到了两百万播放量。由此可见，罗老师是一位非常受欢迎的网络主播，还获得了较大知名度和较好的经济收益，是什么原因让他通过网络成功呢？我想是因为他通过本人具备的学习能力与知识储备，完成了他想做的事。

现在，很多孩子可能都觉得做数学题、背英语单词没什么用。请告诉孩子，学习不单单意味着要好好上辅导班、认真做书桌上的试题集，在实现梦想的过程中，现在在学校所学的这些知识都即将成为非常重要的资产。

花时间认识自己

多少年来，素质教育一再被提倡，我们有必要让孩子通过一些探索活动来多积累一些丰富多彩的阅历，也多给孩子一些能够自己探索多种不同可能性的时间与机会。比起坐在书桌前苦恼"学习的理由"，直接或间接地去体验的经历或许更加有意义。如果能去接受与孩子兴趣相关的职业测试就更好了。以测试结果为基础，去听听孩子所关心领域中一些前辈的演讲，也可以去相关现场直接体验一下，这种主动参与能帮助孩子更容易找到学习的理由。

如果当年花样滑冰冠军的父母没有在他们小时候带他们去滑冰场的话，也许冠军自己都发现不了自己的天分。他们小时候的学习内容与普通孩子不太一样，大多数时间在学习滑冰，而且父母也会参与其中。像他们一样，能够自己去深刻理解学习、自己去寻找答案的孩子几乎没有。

但在这里，有一点一定要记住。作为父母，我们千万不能"强迫"孩子。孩子们的意见要在自我成长与领悟的过程中自然而然地出现。我们不能让孩子觉得一定要在初中一年级结束之前就找到自己的梦想，如果找不到就落后了。寻找学习理由的过程绝不是一个与"速度"做较量的过程。我的孩子也许会比较慢，这是可以被充分理解的。

请给予孩子一个可以充分考虑"我要过什么样的生活"的时间。就算孩子现在是在毫无目标的情况下学习，这也不是什么问题。真正的问题在于孩子根本就没有要去寻找那一目标的意愿。今天，就跟孩子讨论一下"为什么要学习"吧。

"我家孩子最喜欢什么？"

"我家孩子有什么样的优点？"

"我家孩子最喜欢的名人是谁呢？"

其实很多妈妈在被问及有关自己家孩子的问题时，都无法给出一个明确的答案。所以父母们需要一些时间与孩子交流。上着辅导班，孩子的成绩却没有提升？与其先忙着换辅导班，倒不如多花时间帮助孩子自己去寻找"为什么要上辅导班，为什么要学习"的答案。

比天性还要可怕的，是习惯

　　如果孩子学习成绩不太好，在辅导班努力学习肯定是会有帮助的。但如果孩子从小就有一些不好的学习习惯，那么就算上了辅导班，他的学习习惯也很难改正。一些现在看起来不起眼的行为，日积月累就会成为一种习惯。如果一个小学生因为天气太冷就不想去辅导班的话，那么上了初中之后，一年 365 天每天都按时上辅导班的概率是非常低的。如果妈妈从孩子身上看到了一些不好的习惯，一定要抓住机会让孩子及时改正。习惯，只要一旦形成就很难去改正，而且这也不是上了辅导班就能解决的问题。

　　如果你的孩子在犯了错之后，能认识到自己的错误并及时改正，倒不必太担心。因为一些暂时性的行为不会转变为习惯。但如果意识不到自己的错误行为，总是反复的话，那就会出问题了。如果孩子总是反复某种行为，那么这就意味着这种行为让他感到舒适。坏习惯的力量比好习惯的力量更为强大，所以好的习惯往往难以战胜坏的习惯。

去辅导班的时间快要到了，但孩子还在家里打游戏。这种习惯已经形成了，所以很难由妈妈去改变。自觉地把游戏关掉，准备上辅导班的行为对这个孩子来说是很困难的。习惯之所以可怕，是因为人们会通过反复做某种行为而渐渐忘掉行为本身是否正确，这已经成为了日常生活中的一部分。孩子如果带着这种习惯，那么就算去上辅导班，也不可能认真听讲，他的心思还在游戏上。

作为妈妈的我们也是，虽然早上把孩子送到学校之后，就会下决心"今天看一本书吧"，但早上帮孩子准备完上学，再帮丈夫准备完上班之后，就会突然感到非常疲惫，不自觉地走向卧室睡一觉。如果这种行为偶尔出现一次也还好，但如果第二天也这么做，接下来一个星期都这么做，那么每当早上忙完之后，身体给我们发出的信号就会成为"该睡觉了"，而不是"该读书了"。如果我们无法战胜这种甜蜜的诱惑，那么最终就会成为习惯。

但也是有希望存在的。虽然习惯是由长期重复的行为形成的，但这并不是从我们出生的那一刻起就永远定下来的。比起天生的特质，习惯能被改变的概率还是很高的。

问题是，妈妈们更在乎的往往是孩子的学习成绩，而不是孩子的学习习惯。与其长时间坚持，努力去改正孩子的学习习惯，妈妈们更倾向于马上就把孩子送进辅导班，让孩子在下一次考试中就取得一个好成绩。因此，需要长时间积累才能产生变化的学习习惯就会常常被忽视。

如果孩子从辅导班回来之后不学习的话，大部分妈妈就会责备孩子有"从辅导班回来就不爱学习"的习惯。如果仔细思考这句话，我们就能发现这里带有一丝指责"孩子自己没能养成一个主动的学习习惯"的感情色彩。但其实单凭孩子一个人是很难养成自主的学习习惯的。妈妈要在孩子身边帮助他。但在孩子形成学习习惯的过程中，妈妈去参与、去帮助也不是那么容易的。如果是职场妈妈，白天在公司里因报告书被上司退回而修改了一整天之后，回到家里再指导孩子学习是一件非常不容易的事。如果是全职主妇，每天送完孩子上学，在洗碗、洗衣服、打扫卫生之后，还没来得及休息一会儿，孩子就从辅导班回来了，但孩子却一直坐在电脑面前上网。结束了一天的家务劳动之后，还要再开始子女教育劳动，就算有两个身体，妈妈也会感觉不够用。

2009 年伦敦大学发表的与习惯相关的研究结果表明，养成一个新的习惯所需要的平均时间为 66 天。只要集中精力重复一个动作"两个月"，就能形成一个好的习惯，改掉坏的习惯。不论是谁，过了一段时间之后意志都会变得薄弱，若一直看不到终点的话，中途放弃的可能性也会提高。仅仅"两个月"，就是培养孩子养成自主学习习惯所需要的时间，这个习惯一旦养成就会持续到高考。小学到高中需要 12 年，而养成一个习惯却只需要两个月，不觉得养成习惯是一件值得尝试的事情吗？接下来，就让我们了解一下，想要在两个月培养孩子的学习习惯，妈妈都需要做些什么。

养成一个新的习惯所需要的时间"平均 66 天"

计划要具体

第一，要制订具体的学习计划。

比如，妈妈要和孩子约定"学习学到 10 点，才能玩游戏"。虽然这看起来没什么问题，但一个孩子直到 10 点都专注于学习的概率其实是非常低的。孩子的脑子里会充斥着"快点儿到 10 点就好了"的想法。比起用时间去衡量，倒不如用任务量去衡量。"做到数学习题册第 30 页"这种定量的约定更有助于提高孩子的集中力，但量一定要适中。过多的量会导致孩子产生"反正做不到 30 页就没有办法玩，还不如慢点儿做呢！"这种想法。反过来，如果量太少的话，又会让孩子觉得"反正现在不做一会儿也能做完"。所以，我们需要为孩子建立一个"到什么时候为止把什么做到哪里"的具体计划。

自由时间很必要

第二，规定孩子的自由时间。

当孩子还是婴儿时，我们会努力为孩子培养睡眠规律。每当到了该睡觉的时间，我们就会熄灭房间的灯，让孩子到床上去睡觉。学习也是同样的道理。每天在固定的时间点去学习是非常重要的，同时，为孩子规定一个明确的自由时间也很必要。如果没有充裕的时间娱乐，孩子想要去玩的想法就会一直在学习的时候出现。这样孩子学习无法专心，玩也无法尽兴，孩子在这种情况下度过大部分时间。我们要让孩子意识到平日是学习的时间，周末是玩的时间。在上学的周一到周五这段时间，让孩子稍微保持一点儿紧张感比较好。因为只有在平日里过得稍微紧张一些，周末才能安下心来休息和娱乐。周末无法安心玩的孩子平日也无法专心学习，周末给孩子带来的疲劳感就会延续到周一。所以，要养成这种习惯，父母要帮助孩子把周末和平日严格地分割开来，去树立一个明确的规划。请以周为单位去为孩子分配学习时间与自由时间吧。

保持适当的距离

第三，妈妈要保持适当的距离。

妈妈时刻都在好奇孩子到底有没有认真学习。如果孩子有什么感到困惑的地方，妈妈都会想要给予帮助。但妈妈和孩子的心理是不一样的。一旦孩子开始学习，接下来的时间就该由孩子自己去支配，也要由孩子自己去引导只属于自己的时间。在学习的时间里，就连妈妈提的意见，在孩子听来都可能是唠叨。这种情况一旦开始反复，孩子就会产生"只要我一开始学习，妈妈就会唠叨"的想法。如果发生这种情况，就很难为孩子养成坐在书桌前学习的习惯，请给孩子一些自己支配时间的机会。

适当表扬

第四，如果孩子好好遵守了学习计划，妈妈要毫不吝啬地表扬他。

这是一个可以让孩子遵守与自己的约定的好办法。也有一些妈妈们会觉得"约定是一定要遵守的",但回过头来,我们会发现,我们真的会做出非常非常多的约定,而没有遵守的约定也很多。比起遵守约定的行为,我们更有必要为想要努力去遵守约定的那份心态鼓掌。这样良性循环,又会让孩子产生下一个约定也要好好遵守的想法,不是吗?

重点整理

怎样帮孩子养成学习习惯？

1. 计划要具体

要规定应完成的任务，而不是时间。

2. 给孩子充分的时间去玩

严格遵守时间学习的同时，也严格遵守时间放松。

3. 妈妈可以适当远离

学习中妈妈说的所有话在孩子看来都有可能是唠叨，

请给孩子自己支配时间的机会。

4. 多多表扬

做得好要表扬，尽力了也要表扬！

放弃数学
可不行

学生时期最讨厌的科目是什么呢？当被问到这样的问题时，"数学"肯定会登上三门主科的榜首。不论是在妈妈们上学的时期还是在孩子们上学的时期，数学都在折磨着我们。过了这么长时间，数学依然是一个让人感到恐惧的存在。高中时，我就是因为数学不好而选择了文科。放弃数学的人其实有很多。但让人特别生气的是，因为数学很重要，所以放弃数学一定会有损失。如果放弃数学，那么无论多努力地去学别的科目，也很难把整体的分数提升上去。

我们为什么会害怕数学呢？有可能是因为考试题太难了，也有可能是因为无论怎么努力都无法理解解题思路。另外，难道不觉得数学很无聊吗？像历史这种科目，学习的时候偶尔还会发现一些有趣的部分，但学习数学时好像从来都不会这样，数学题更是枯燥无味。数学书上一般都是数字和图形，而不是文字。所以讨厌数字或图形的人可能连翻开数学教科书的欲望都没有。问题是，如果真的放弃了数学，那么就算上辅导班也很难考上自己心仪的大学。

数学非常重要的原因是它不仅仅是众多科目当中的一个，而且会影响学生的思考能力和计算能力等。

超前学习数学，是药还是毒？

因为数学很难，所以有很多学生会提前对学校还没有涉及的内容进行学习。数学不光让孩子苦恼，同时也是一门让妈妈苦恼的科目，有些妈妈甚至会在孩子出生之前就进行数学胎教。数学超前教育真的有效果吗？看起来并不是一点儿作用都没有，提前接触数学确实能让孩子更好地适应它。

但也有需要注意的地方。孩子如果只是静静地坐在辅导班的书桌前，就算不努力思考也会有辅导班老师主动来讲解题目，所以没有必要主动去动脑。在小学时期，就算不主动去动脑，只是把在辅导班学到的公式背下来也能取得一个好成绩。所以，就算孩子没有在学校好好听讲，也能取得不错的成绩。

如果在辅导班提前学过一些公式，那么老师在学校中的授课内容就会成为孩子复习的内容。但有些题不能光靠背公式去解决，问题也就随之而来了。

上了初中之后，运用小学时通过背公式去解题的方法是完全不够的，因为题型变换的程度与难度都会提高，孩子会再一次陷入崩溃之中。一旦孩子无法从这种崩溃的情绪中自救，就很容易堕落为放弃数学的学生。在这种情况下，为了提高数学成绩，马上报名上辅导班并不是一个万全之策。

时代的变化也使孩子不去学数学。事实上，我们生活在一个不必用脑去计算的时代。必要的知识和信息都能通过智能手机获取。如果学校允许学生在考试当中使用手机，那么大部分的孩子应该都能在网上找到公式将其代入，立马做完所有的考试题。

也就是说，很多学生都认为现在学的数学只是为了应付考试而已，而在日常生活中，其实并没有太大用处。他们觉得数学只是一门单纯计算的科目。那么，真的没有什么方法可以让我们与数学变得亲近吗？

数学题要由孩子亲自来解答。看了辅导班老师在课堂上的解题过程，突然间我有了自己也能独立解出这道题的自信。而且辅导班老师还会告之背公式的秘诀。孩子上辅导班就只是单纯地用眼睛看解题的过程而已，并不是直接动手去算。这样反复了一段时间之后，学生们在考试中就能发现，虽然简单的问题可以通过背过的公式解出来，但有一定难度的问题完全是无从下手的。在辅导班里，孩子们确实会花很长时间去学数学，但真正动笔去解题的次数却是很少的。

举个例子来说，有一道题是"一次买三个苹果，买了三次，总共买了几个苹果？"通过在辅导班学过的九九乘法表来解题的孩子会运用"3×3=9"的公式去把这道题解出来。但是，当孩子遇到超越九九乘法表的11×11、12×12时，就碰钉子了，因为没有背过。反倒通过自己动手解题去培养思考能力的孩子会经历"第一次买三个，第二次就买到六个，三次总共买了九个"的思考过程。就算是100个苹果，买了100次，这类孩子因平时没有通过背诵来解题，算出正确答案的概率就会比通过背公式解题的孩子高。

对于数学这一科目来说，如果不亲自动手去解题，那么就算现在马上报名参加辅导班，孩子的成绩也很难得到提升。所以很多妈妈会疑惑"为什么上了辅导班，我家孩子的数学成绩也没有提升"。没有一个科目能像数学一样，可以通过很多种不同的方法来得出正确答案。数学需要自己动手一点儿一点儿去算。通过艰难的过程算出一道难题的正确答案该有多么开心，我们需要让孩子来体验一下这种成就感。

你家的孩子放弃数学了吗？请让孩子拿起笔，从去年学过的最简单的题开始算起。对数学的热情与投资于数学的时间是成正比的。

只有把语文学好了，别的科目才能学好

大部分的学生上补习班都是为了学习"英语和数学"。因为这两门科目占各科成绩的比重最大，在高考中，这两门科目的存在感也是很强的。所以，这两门科目理所当然也是从小学开始就花费很多课外辅导费的科目。

一旦孩子的英语和数学成绩开始下降，妈妈就会产生焦虑情绪。原本不上辅导班的孩子们也经常因为这两门科目而报名，开始上辅导班。但不论怎么努力上辅导班，英语和数学的成绩都不能马上得到提升。也就是说，对于这两个科目来说，辅导班并不是什么万能药。为什么会这样呢？

如果因为过多地把注意力放在数学和英语上，而忽视了语文的话，就会开始出问题了。语文这个科目很神奇，这个科目让人觉得只要下定决心学，就一定能够取得好成绩。这就是事实，不是吗？现在在看这本书的妈妈们，有谁之前觉得语文难度很大吗？我们在日常生活当中一直在使用语文，也没有什么像英语一样不太懂的语法，也用不

到像数学一样的概念和原理。

其实，就算很努力去学，也很难把成绩提高上去的科目就是语文。但不会有那么多孩子像放弃数学一样放弃语文，他们至少还在努力念文章，努力找答案。因此，也没有那么多"放弃语文的人"，只是没有那么多孩子能轻易地把语文成绩提高上去而已。语文成绩下不去，也上不来，我们到底要拿语文怎么办呢？

语文不是一个单纯看一看古诗，读一读范文，去寻找问题的正确答案就可以的科目。我们在日常生活中看的书都是由什么语言写成的呢？是汉语。当有复杂的事发生，把思绪整理到笔记本上面时，会使用什么语言呢？是汉语。

我们日常生活中的所有活动都是以语文为基础的。我们常常能听到孩子说，没有解出这道题是因为没有好好把题干理解到位，而不是不知道公式，这是因为数学没有学好吗？这难道不是因为语文实力还不够吗？

语文考查的是理解能力

语文实力足够的学生理解能力也一定不错。语文成绩好的话，英语成绩也一定会好，这个事实是众所周知的吧？取得英语高分的学生当中有很多学生没能取得语文高分，但却没有多少取得了语文高分却没有取得英语高分的学生。这是为什么呢？我们在学英语的时候会记语法、背单词。但语文学习却不一样，除了一些特别难的古文需要去背以外，没有什么语法需要我们去记。语文是通过让我们掌握文章的结构，推论文章所包含的含义来提高我们的理解能力。其实，这个能力不会随着语言的更换就消失。如果孩子的理解能力足够，整体掌握文章的能力就会很强，因此根据上下文选词填空，语句的插入这些题都不在话下。这种能力同样适用于英语。

孩子如果理解能力不到位的话，随着题目难度的提高，就会感觉到累，因为准确掌握文章想要表达的意思变得越来越难。这可能使学生所理解到的意思与出题者的意图截然相反。在考试中能取得高分的学生往往都能快速领悟"为什么会出这道题"。不论考试准备得有多充分，如果明明知道答案却写不出来的话，那就与根本没有学习没什么两样了。所以，孩子如果平时努力学习语文的话，无论是什么科目，都能快速掌握问题想要表达的意思。

在阅读文章时，最重要的能力是什么呢？是能够"好好理解汉语的能力"，即能够"客观地掌握要点的能力"，也就是所谓的"找出事实的能力"。也许你会想："要掌握文章内容，把文章顺着读下去不就好了吗？"但如果有人让你把今天早上看到的新闻内容按照六何原则（何人、何时、何地、何事、如何、为何）整理出来，其实并没有那么容易。请试着问一下孩子今天都做了些什么。有的孩子能清清楚楚地把今天所做的事情都表达出来，但也有的孩子根本就不知该从什么地方开始说。对实际发生过的事情进行复盘，客观地向对方讲清来龙去脉这件事其实并没有想象的那么容易。

你好好观察过孩子的语文考卷中的错题吗？如果把错题都整理出来好好观察的话，肯定会发现孩子的欠缺之处。对这些不足之处进行一些分析之后，我们就能看出孩子到底是因为真的不会做而出错，还是因为没有把题干要求理解到位才做错的。比如说，题干当中问的是时间，有的学生却会把地点给写上去。是不是感到不可思议呢？但真的有这样的学生。如果欠缺整体把握文章的能力，那么就无法好好理解作者真正想要表达的内容。

学英语的时候，当遇到不认识的单词时，我们会去查词典；但学语文的时候遇到不会的字词，我们却很少会主动去查词典，而是直接跳过，不是吗？这是因为我们觉得语文这个科目并没有什么必要去查词典，另外，因为就算不懂一两个字词对理解文章大意也没有什么影响。就这样，对于大多数人来说，语文成为了一个好对付的科目。就算不学语文这个科目，也不会让我们在说汉语的日常生活中感到不便。我在写本书的过程中进行了多次校对，也为了表述得更准确而查阅了很多词典。我还会试着换一换句子的顺序，或者把陈述句改成疑问句，等等。经过了这样的程序之后，整个文章就会看起来通顺很多。

学习语文的好处不仅是提升学习成绩。我们不断地用语文在跟人们交流，在社交软件上记录心情的时候也是用语文，我们每天都要接触它。既然我们每天都在使用它，为什么不能更好地去学习，使我们自己能够更熟练、更优雅地去使用它呢？另外，语文是所有科目的基础。如果基础坍塌了，不论上多少辅导班，都是起不到作用的。

妈妈太爱管闲事了

老师 智媛你好，听说最近在学习方面有些烦恼呀？

智媛 我妈真的是天天都让我感到特别烦。学习是我自己的事，她却硬要给我列时间表，这像话吗？

老师 但妈妈说她给你列了时间表之后，你的负担减轻了一些呢，看来不是啊？

智媛 妈妈决定了我所有复习的时间，做习题的时间，要读的书。妈妈的要求就是，我全部都要按照她的计划来。

老师 你有对妈妈说过想要自己安排自己的时间吗？

智媛 当然了。但妈妈只是嘴上说知道了。

老师 那么，现在你是迫不得已才学习的吗？按照妈妈的计划？

智媛 我也不知道我现在到底是为了自己学习还是为了妈妈学习。

老师　那你有信心自己安排自己的学习时间吗?

智媛　说实话，我不知道。因为我每天就是按照妈妈的计划来……

老师　你的妈妈现在肯定觉得她都是为了你。让妈妈看到自己独立去做的样子怎么样?

智媛　妈妈不会视而不见吗?

老师　在这个世界上，最听孩子话的人就是妈妈了。先试试吧，万事都要有个开头啊。

老师的建议
给孩子一个自己去做的机会

　　考试，作业，学习评价……我们的孩子每天要做的事情真的非常多，妈妈们干涉孩子学业的程度也越来越深。虽然妈妈们都是以为了孩子好的心态开始的，但也有很多孩子感到特别有负担。其实妈妈们也是一样的，如果有人总是过多地干涉家务活的话，她们也会觉得有些负担。突然想起来那句常对幼儿园小朋友说的话——

　　自己的事情要自己做哦。

2　妈妈们的错觉

"

都是为了孩子好
才说的啊。
你以为我愿意
说这样的话吗？

"

怎么能说是干涉呢？
是关心！

如果孩子上了辅导班，但依然没有把学习成绩提升上去，那么我们一般都会在孩子身上找问题。我们会担心孩子在辅导班到底有没有认真学习、到底有没有复习等。但是，所有问题真的都出在孩子身上吗？

每位家长都有与孩子产生矛盾的经历。为什么孩子越大，与父母的矛盾就越多呢？另外，初二的孩子为什么会成为一个让人感到害怕的存在呢？这与家长的教育方式有着深层次的关系。

小学的学习压力并没有初中那么大，高考离孩子还很远，所以妈妈们不会经常唠叨。但随着孩子年龄的增长，事情就逐渐开始有了变化。家长虽然在小升初时大都会选择离家近的学校，但初升高时面对的学校就有明显的好坏之分了。在这种环境中，孩子必然会变得更加敏感，与妈妈之间的问题也开始产生了。

都是为了你好……

"都是为了孩子好才说的啊。你以为我愿意说这样的话吗？"

妈妈们经常说这句话。决定分明就是妈妈做的，理由却说是为了孩子。放了学之后拖着疲惫的身体去辅导班，夜深了还在看书不能睡觉，妈妈们觉得这些计划都是为了孩子们好。

为了对方而制订的规划到底有没有对对方产生益处应该由对方来决定。设想员工在工作了一天之后，下午 6 点就会感觉很累了。但这时上司却说有一个非常好的培训，都没有跟员工商量就擅自做决定，并直接替他申请了 7 点的培训。然后呢，上司会觉得自己是真心为下级推荐了一个好的培训课，并会为此感到骄傲。但事实上，员工那天晚上是有约的。即使有再好的出发点，如果对方不想要，就都没有意义。

妈妈和孩子为什么无法理解对方呢？是不是因为妈妈都不跟孩子商量一下，就一厢情愿地为孩子考虑，替孩子做决定呢？"只要我喜欢，我的孩子也会喜欢"这种想法与自尊心有关。妈妈们会觉得自己的想法比孩子的想法更加正确，所以就算孩子的意见更好，她们也不想听取采纳。没有人想伤及自己的自尊心，也不想输给任何人。这种做法最终会导致妈妈做出缺乏关怀的行为。

其实，在现实生活中很难找到讨厌妈妈的孩子和讨厌孩子的妈妈。他们只是因误会与自尊心而没有以正确的方式表达出自己的情感罢了。妈妈是真心希望孩子好才提出各种各样的意见，孩子也在努力不让妈妈为自己操心。大部分的摩擦都是单纯地由想法上的差异而产生的。

妈妈：我的宝贝闺女，学习累不累啊？妈妈给你拿杯热牛奶吧？

孩子：妈，我现在有点儿困，能给我拿杯咖啡吗？

妈妈：咖啡对身体不好，更何况，小孩子喝什么咖啡？

孩子：我是因为真的太困了，而且现在也不饿。

妈妈：咖啡真的对身体不好，你还是别喝了。

对话就这样结束了。妈妈只是想为女儿拿一杯牛奶，女儿只是更想喝咖啡罢了。但妈妈会觉得"我为你的健康着想，你还不听话"，女儿会觉得"妈妈从来都不让我做自己想做的事"。

关心与干涉之间的微小差异

关心与干涉之间的差异真的很微妙，孩子有时会把父母的关心当成是一种干涉。孩子想喝咖啡，妈妈帮孩子拿一杯咖啡就好了。妈妈按照孩子希望的方式去做了，孩子也因为妈妈接受了自己的意见而感到开心。但为什么事情就是不能以这种愉快的方式结尾呢？

这都是源自"对孩子的担忧"。妈妈如果根本不关心孩子的身体健康，那么很容易就可以给孩子泡一杯咖啡。但妈妈是疼惜孩子的，所以，妈妈无法单纯地听从孩子的意见，而是从真正为孩子考虑的角度出发做决定。这是因为妈妈对孩子的爱护才产生的问题。但仔细一想，其实双方都没有错。

对于妈妈来说，孩子一直都需要担心。所以妈妈时刻为孩子准备着，时刻都要照顾孩子。但长期重复这种行为，会让孩子感觉到很疲惫。因为随着时间的流逝，孩子会越来越想要自己去做决定。孩子自己能做的事情越来越多，想要对自己喜欢的事情做决定的意愿也越来越强烈。妈妈对孩子的态度却一如既往，没有任何改变；但是，孩子一直在长大，一直在改变。有时，比起跟在孩子身边牵着他的手，倒不如跟在后面默默守护他，这样会让孩子更加有安全感。发生紧急情况时，能够及时地跑到孩子身边就好了。

面对第一个孩子时，所经历的一切对妈妈来说也是第一次。谁都不知道正确答案是什么，可能在没有正确答案的情况下，妈妈处于一直寻找答案的过程之中。

人们的心都是这样的。如果不喜欢对方，那么映入眼帘的就只有对方的缺点。因为在心里已经有了"他是我不喜欢的人"这种想法。这种心理预设就造成了各种问题。

孩子正在房间里努力学习。因为要集中精力学习，所以房门当然是紧紧关着的。看着紧锁的房门，妈妈想："我只不过因为成绩说了他几句而已，有必要把门关得死死的吗？"妈妈开始生气了。但实际上，孩子真的只是在房间里努力学习。

心理预设会造成对对方的不信任。对于同一时间、同一场所发生的事情，两个人也会产生完全不同的想法。因为沟通减少了，所以就算产生了误会，也没有什么好的方法去解决。

天啊！异性朋友？

另外，有一段时期，误会会到达顶点。那就是当孩子有了异性朋友的时候。家长对孩子的异性朋友尤其敏感。妈妈普遍对子女们说的话就是"只有上了大学，才能交异性朋友"。但我们都是过来人，所以我们都了解异性朋友的意义不是吗？交异性朋友对孩子们来说，可能是一次了解什么是爱的机会，但却无益于学习。

我们没有必要因担心孩子的成绩就让孩子与异性保持距离。我们的社会很保守，目前没有那么多可以穿着校服约会的地方。很多青少年都无法在开放的场所好好地约会。虽然路人也不会瞥来什么不好的眼光，但孩子都知道大人们会为他们而担心，会不自觉地避开大众的视线。

妈妈们都会担心孩子们还没有具备对于"真正的性"的正确价值观。因为害怕未成年的孩子们会一不小心做出一些不正确的举动，而这些举动带来的后果甚至会成为孩子一生的污点。当青少年有了异性朋友之后，妈妈要担心的地方就越来越多了。所以，妈妈的想法也是能减少一件让自己担心的事就尽可能减少一件，这种想法会促使一些妈妈强迫自己的孩子放弃与异性朋友交往。

异性朋友的优点

结交异性朋友是有好处的。从那些与异性保持正确交往方式的孩子们身上，我们可以看出这些孩子是比同龄孩子成熟的。十多岁的孩子正处于一个不断成长的时期。在这样一个认识真正的自我的时期，能够遇见一个真心疼爱自己，而自己又可以无条件地给予爱的人，这本身并不是什么坏事。

回过头来一想，在我生孩子之前，我好像并没有对"父母的指责"认真地考虑过。所以我也没有能够真正理解父母的心。我们的孩子也是一样的吧？在自己成为一个妈妈之前，他们很有可能还不懂妈妈们的心，也很难去理解对异性朋友过度干涉的妈妈。但是没有办法，我们也是直到自己成为了父母才懂得这一道理的。也许，父母大大方方地允许孩子们以健康的方式去交异性朋友会是一个更好的选择。

在妈妈与孩子的关系中，主导权要由妈妈来掌握，因为妈妈是成年人。但是，妈妈只是掌握主导权而已，并不代表要把自己放在一个更高的位置。孩子要能够表达自己的观点，妈妈也应该认真地倾听。

孩子上了中学以后，妈妈再对孩子说一些自以为有益的话，孩子可能会感到厌烦。对此，父母们感到很委屈，但却毫无办法。而且孩子们的青春期也越来越早了。妈妈们想要完全地掌握孩子内心想法的举动甚至可能会产生相反的效果。试试只是静静地望着孩子最原本的样子，怎么样？过度的担忧反倒会让孩子越来越讨厌学习。

小孩子哪有
什么压力？

当孩子说自己因为各种事情压力太大了，所以没法好好学习的时候，你有没有对孩子说过"你才多大，能有什么压力？别因为不想学习就耍心眼儿。"呢？但是，孩子说的话也有可能就是事实。

在我们的身体中，有一种叫作"血清素"的激素会帮助我们产生幸福的感觉，会让我们的情绪稳定下来。血清素不仅会对我们所感受到的压力产生影响，还会影响我们的睡眠、食欲和肠胃活动。当我们感到有压力的时候会寝食难安，对吧？这是一种生理机制，不受我们控制。如果长期处于压力与焦虑之中，那么我们的大脑就会抗拒产生开心的情绪，从而减少血清素的分泌。

如果血清素分泌不足，就会影响负责大脑记忆的"海马体"的运转。就算通过学习输入了很多东西，如果感到有压力，那么留在脑海里的知识也将寥寥无几。另外，血清素的不足也会对孩子的情绪产生一系列影响。早上，孩子可能会心情特别好，但中午在学校又会感觉特别不开心，结果晚上去了辅导班之后就会产生抑郁的情绪。

美国威斯康星大学的研究结果表明，压力大的孩子大脑额叶的白质和灰白质的体积都比较小。白质连接大脑的各个部位，起到信息网络的作用；而灰白质通过演算帮助我们更好地处理各种信息。也就是说，压力会促使大脑中有助于学习的结构萎缩，也会让大脑的活动量变小。因此，压力只会对孩子们的学习产生不好的影响。

妈妈们上学的时候肯定也有过很多烦恼和压力。但很多事情，过了一段时间，自己就会觉得其实也没什么。所以，妈妈们也许会不把孩子们认为是烦恼的事情当回事，觉得只是小打小闹罢了。她们反而会对孩子们说："努力学习就不会有什么压力了。"也就是说，妈妈们的重点在于怎样快点儿缓解孩子的压力，使其不影响孩子的学习成绩，而不在于寻求缓解那些压力的方法。

说教方式对于孩子来说，可能会形成另一种压力。孩子们的压力不该是理所当然存在的，而该被看成一个应该去解决的问题。当孩子们感觉快要被压力压垮时，是没有办法在辅导班集中精力上课的。妈妈们怎样才能帮助孩子缓解压力呢？

禁止催促

第一，不要让孩子感觉太着急。

人们更关心的是眼前的事，而不是即将发生的事。就算孩子认真努力学习六个月就能提升数学成绩，妈妈也无法安心地静静等待六个月。妈妈们都是希望看到立竿见影的效果。给孩子报名上补习班的一个月后，如果孩子的数学成绩没有得到提升，妈妈们就会开始着急了。辅导费用那么贵，孩子的数学成绩却还是老样子，妈妈们害怕自己的孩子会放弃数学这门科目的学习。

虽然妈妈们觉得只有自己一个人在担心，但实际上，孩子早已看出妈妈的心思了。很多妈妈都会觉得自己很了解自己的孩子。实际上比起妈妈对孩子的了解，很多孩子能够更准确地掌握妈妈内心的动态。

因为平时大部分的孩子都是按照妈妈的意见去行动的，很少有妈妈会按照孩子的意见行动。接受意见的人其实比给出意见的人更具备观察力。所以，我们是不能无视孩子们看懂妈妈内心的能力的。

先不要太着急。一旦妈妈开始着急，孩子就会感受到压力。就算妈妈现在感觉到焦虑，只要耐心地等一等孩子，孩子就能做得很棒。如果太执着于今天，那么就有可能被困在今天里，而看不到明天。

相信孩子

第二，请相信目前正在努力的孩子。

每个学校都有几个看起来非常完美的学生——各方面都优秀的学生会主席，加上外表也非常出众。这些孩子真的没有任何烦恼，也没有任何压力吗？

偶尔我们能看见成绩直线上升的孩子。在放暑假之前，有个孩子成绩明明没有我家孩子好，但过了一个暑假之后，他的变化却非常大。虽然在别人看来这个孩子很幸福，但他现在所承受的压力是非常大的。因为害怕学习成绩下降，他会感到焦虑。

达到了目标的孩子们也因为想要达到更高的目标而承受着巨大的压力。无法对成绩感到满意的这种心态可能是从"妈妈们的期待"开始产生的。孩子本身感觉没什么，但妈妈却心急如焚。

很多妈妈都认为孩子感到有压力的原因是"无法好好调整自己的情绪和压力"，但她们从来都想不到原因可能是她们自己。因为自己从来没有呵斥过孩子"怎么还不学习"，一直以来对孩子也很好。所以就算已经对孩子很不错了，但妈妈们还是要反省一下有没有不经意间对孩子表露出想让孩子取得更好的考试成绩的想法。

不要越位

第三，不要代替孩子做任何事。

现在的孩子在很多事情上需要花心思，也有很多事情要去做。除了学习之外，还要管理与朋友的关系，孩子们的压力在一天天变大。

因此妈妈们都是想尽一切办法要帮助孩子的。老师给孩子们留了一些有难度的作业，而孩子回家后会请求妈妈帮助他。这时，你会怎么做呢？

A方案：这作业太难了吧。最近作业的质量也包含在学业评价标准里了。我还是别让他有那么大压力了，我让他做别的作业，这个我就帮他做了吧。

B方案：这作业看起来真的很有难度啊。看来我得在旁边多帮帮他了。我先让孩子做能做出来的部分，不会的地方我再跟他一起想解决办法吧。

其实，我们都知道哪一种方案更有益于孩子。然而，脑子里想的是 B 方案，可一想到孩子会因这份作业而感到有压力就会情不自禁地执行 A 方案。作业质量可是会影响升学成绩的，所以一定不能忽视。

这种情况反复发生之后，孩子就会越来越依赖妈妈。孩子会在不知不觉中就形成一个"难题就是让妈妈来做的"观念。不是只有妈妈会对孩子形成一种期待感，对于代替自己做部分事情的妈妈，孩子的期待值也会越来越高。接下来，只要妈妈有一点点做得不好，没有达到孩子的期待值，孩子就会失望，因当初帮助了自己的妈妈而感到烦躁。

真是讽刺啊。妈妈帮孩子写作业是为了减轻孩子的负担，但孩子的负担却越来越大。因为妈妈的失误就代表了孩子自己的失误。孩子的事情要由孩子自己来做，在自己动手做的过程中，会受到打击，会出现失误，但最终也会顿悟。想清这些后带着焦虑等待会比什么都不做，更加能减少孩子的负担与压力。

关心要适度

第四，不要展现出过度的关心。

如果发现了让自己感到烦躁的因素，人的本能就会为了不与它进行正面交锋而尽力避开它。

当孩子努力学习了，成绩还没有得到提升的时候，对孩子越关心的妈妈就越容易仔细询问孩子并提出一系列的建议。但此时的孩子正因成绩不好而感到闷闷不乐，所以这时妈妈的任何话在孩子看来，都有可能是唠叨。

关心也需要看准时机。感到抑郁的时候，很少有孩子会产生"我要战胜妈妈的唠叨，加倍努力学习"这样的想法。反而，孩子会越来越对学习感到厌烦，回避与妈妈的交流。这就意味着妈妈的关心产生了消极的作用。

比如，在公司，上司突然关切地对我说："庚代理，我希望你从下个月开始能去上写作课。肯定会对你的工作有帮助的。"态度和蔼可亲，没有对我大喊大叫。在这种情况下，我们真的会觉得"啊，部长真的很照顾我啊。竟然还关心的我写作能力"吗？可能不会。我们可能会感到疑惑："我在写作能力上面有问题吗？为什么突然给我推荐写作培训课呢？"接下来，就连正在写着的报告都觉得有问题，会突然感受到压力。

我们的孩子也是一样的。虽然妈妈真的是为了孩子好，才牵着孩子的手去报辅导班的，但这件事本身对孩子来说可能就是一个很大的负担了。站在妈妈的立场上，妈妈会觉得："为什么我没有责怪孩子，孩子还这么想呢？是不是孩子的心理出问题了？"妈妈是无法理解孩子的所有想法的。孩子也一样，无法理解妈妈的所有行为。所以，比起过量，有时候还是需要有那么一点儿欠缺的。

认同孩子的朋友

第五，请给孩子充分的时间去交朋友。

当大人们情绪不好时，就会选择去喝酒，或自己一个人去海边旅游。但在现实生活中，孩子并没有那么多释放压力的方法供选择。那么孩子应该怎么办呢？最能准确体会孩子情绪的人就是"朋友"。

放学了就要去辅导班，回了家一个人玩电脑游戏……在这个时代，孩子并没有那么多朋友，所以孩子才更加需要朋友。

如果孩子没有朋友，那么就没有能诉苦、聊天、对感到生气的事表示不满的对象了，在这种情况下，能够帮助他们产生幸福的激素就会减少。

不论父母多么真心实意地倾听孩子的想法，也无法像孩子的同龄朋友一样百分之百理解他。在互相加油打气的过程之中，孩子会逐渐学会如何适应这个社会。

　　今天是孩子出考试成绩的日子，但孩子的成绩却不理想，孩子也不可能会开心。最能感受到孩子这种心情的人是谁呢？那就是孩子最好的朋友。

　　在孩子放学回来之前，妈妈是没有办法与孩子进行面对面交流的。当孩子开始上学之后，最能掌握孩子感情动态的就是他的同龄朋友。但如果真的没有朋友而不能够倾诉感情会怎么办呢？孩子只能一整天都带着抑郁的情绪，上完辅导班回来，在妈妈面前把自己的情绪发泄掉。

　　也有妈妈绝对受不了孩子不去上辅导班，而是跑去跟朋友们玩。虽然总是这样是绝对不行的，但如果只是一两次，我认为妈妈是可以睁一只眼闭一只眼的。可能是因为今天孩子心情非常差，根本无法坐在书桌前集中精力学习。如果跟朋友说说话之后，他重新找回了活力，那么我觉得这种经历会比在辅导班学到的内容更加珍贵。

　　妈妈可能会觉得孩子的成绩上不去是因为逃了辅导班的课，但其实缺一天两天的课改变不了什么。以一个愉快的心情把缺了的课补回来的话，是完全可以跟上辅导班的进度的。

　　孩子有时会毫无理由地生病。去了医院，医生也找不到确切的生病原因，但这时如果让孩子有充分的时间去休息，并加以细心照顾的话，症状就会有所好转。虽然可能是因为过了一段时间，药效发生作用才好转的，但在孩子生病的期间，妈妈是很少会给孩子施加压力的，我认为这一点也是促进孩子好转的原因之一。如果想通过让孩子上辅导班提高学习成绩，那么请反省一下周围有没有什么让孩子感到非常有压力的因素。

怎样减轻孩子的压力？

1. 禁止催促

妈妈的急躁对于孩子来说可能是一种压力，

就算焦虑也请耐心等待。

2. 相信孩子

孩子现在就已经做得很棒了。

3. 不要包办代替

孩子的事情要由孩子自己去做。

4. 关心要适度

敦促、提建议，在孩子听来都有可能是唠叨！

5. 认同孩子的朋友

父母是代替不了朋友的。

可以因为累
就放弃吗?

不论去什么地方,有一句妈妈们最常说的话——

"不上辅导班是不是提升不了成绩呀?"

仔细一想,很少有孩子主动跟妈妈说:"妈妈,我觉得我语文这一部分有点儿欠缺。我觉得我应该去辅导班。"大部分的情况是妈妈看到很多孩子的朋友都在上辅导班,所以在焦虑的情绪下,带着孩子去找课外辅导机构。但奇怪的一点是,刚开始上辅导班的孩子妈妈们都会认为是孩子自觉想要去上辅导班才选择去的。为什么会产生这种错觉呢?

妈妈们都希望自己的子女未来能上一个好大学。所以为了提早准备,哪怕能提早一点点,也会选择把孩子送进辅导班。这个时间点现在变得越来越早。目前,我们很难找到还没有接受过课外教育的学龄前孩子了。

那么,学习成绩越差的孩子,上辅导班就要上得越早吗?也不是。如果孩子是班级第一,那么会为了当全校第一去上辅导班；如果孩子是全校第一，那么会为了当全国第一去上辅导班。上辅导班的明明是孩子，但决定却是由妈妈来做。妈妈也会觉得孩子认为上辅导班是一件理所当然的事，所以没有孩子不去上辅导班。

如果问妈妈们："送孩子去辅导班的最大原因是什么？"那么妈妈们都会回答说："为了查漏补缺，提高孩子的学习成绩。"如果真是这样的话，难道不应该是先去了解孩子到底有哪些缺漏吗？

但妈妈们却经常跳过这一部分，先把孩子送进辅导班里。所以常常有这种情况发生，孩子们明明想上英语辅导班，但妈妈们却把孩子送进了数学辅导班里。我们有必要思考一下，我们慌忙地把孩子送进辅导班，是不是为了缓解自己焦躁的情绪？

总感觉还不够

妈妈们还有一个共同点，那就是总觉得："比起别人家孩子，我家孩子上的辅导班还不够多。"实际上比别的家庭投入了更多课外教育费用的妈妈们还是会感觉不足。甚至自己的孩子请着家教、上着辅导班，还接受着艺术类的课外教育。

　　人心总是如此。就算自己比别人拥有的再多、做得再多，但依然会觉得别人拥有的更好。再加上没有多少妈妈会自信地说自己投入到孩子课外教育上面的费用已经足够多了，其实是在给自己不断地洗脑说自己没有给孩子花很多的钱。看到朋友家的孩子就会觉得朋友家孩子上的辅导班，自己的孩子都没有上过。只要还有余力，哪怕是一节课都想让孩子再去上。但其实朋友看到我家孩子也是一样的想法。这种比较心理是没有尽头的。如果觉得自己和孩子一起做的决定是对的，那么现在选择的方向就是正确的。因为别的妈妈对课外教育这件事也没有足够的自信说出什么是正确答案。

　　妈妈还会觉得"光靠学校里的教育是不够的"，这种想法致使妈妈错误地认为只要上了辅导班，我家孩子的成绩就能直线上升。所以妈妈会问孩子："天天拿第一名的孩子上的是哪家辅导班？"

　　如果孩子说出了是某家辅导班，那么妈妈就会认为成绩好确实是因为上了贵的辅导班；如果孩子说他好像没有在上辅导班的话，妈妈甚至还会觉得："不可能！不然为什么那么多人都选择贵的辅导班啊？"

课外教育市场是不会萎缩的

我们都知道，在自己家孩子上大学之前，课外辅导市场是不会萎缩的。如果在自己家孩子正在上的学校中，所有的学生都没上辅导班的话，妈妈会做何选择呢？是会趁着此次机会为了当全校第一而增加课外教育费用呢？还是会感叹"终于不用再让孩子上辅导班了"，停止让孩子上辅导班呢？虽然，有些妈妈可能有过第二种想法，但如果真有这种情况发生的话，大部分的妈妈还是都会选择前者。所以，与其说是孩子在上辅导班，倒不如说是妈妈在送孩子上辅导班。

只要把孩子送进了辅导班，他就会努力。这种想法会诱发孩子的反抗心理。就算不是枯燥的英语和数学，还有体育和音乐辅导班在等着被逼迫的孩子。孩子们的反抗心理在什么时候会最严重呢？

是在觉得自己已经很努力了，但学习成绩还是没有提升，没有达到期望目标的时候。如果自己已经按照妈妈的话去上辅导班了，但成绩还没有自学的时候好，那么孩子当然会产生"都这样了，我为什么还要去辅导班"的想法。

其实妈妈也知道，在这种情况下，就算继续上辅导班，也起不到什么太大的作用。但妈妈就是无法轻易地说出"不用再去辅导班了"这句话。有可能是因为已经付了辅导班的费用，也有可能是为了履行让孩子接受教育的父母职责。如果妈妈们能够果断地停止所有的辅导班，静下心来寻找问题就好了，但妈妈们会因休息的这段时间将影响孩子的学习进度而感到焦虑。但事实是，如果孩子才上初一的话，离高考还剩下五年多的时间，就算在这中间暂时休息一会儿，也不会有什么影响的。

暂时休息一会儿也是可以的

如果孩子说感觉很累，想暂时先停掉辅导班，那么很多妈妈就会不知所措。现在的成绩都不算太好，如果停掉辅导班，那不是雪上加霜了吗？但是，真的有父母听取了孩子的建议，停掉了辅导班吗？

妈妈为了提高孩子的学习成绩逼着不想上辅导班的孩子硬去上辅导班。但如果一直上辅导班，孩子的成绩却还没有什么变化的话，我们是需要转变一下想法的。比如上着英语辅导班，可孩子的英语成绩没有什么提升，那就应该跟孩子商量一下，看看是否有必要换一个写作班去上。目前的状况可能是，孩子还没有做好提升英语成绩的准备。提升孩子的语文写作能力之后，再去挑战英语写作，可能会更有效。也有可能是因为孩子在同一家辅导班持续以同样的方式去学习，进入了"瓶颈期"。就算是一两个月没有上辅导班，前段时间背过的知识可能会忘掉，但是在前段时间内所形成的思考方式和应用能力是不会消失的。

小学一年级的孩子和初中一年级的孩子的价值观和想法是完全不一样的。就算小学时最喜欢的科目是英语，但到了初中之后，英语可能会成为孩子最讨厌的科目之一。比起硬是把孩子送进自己希望孩子去的辅导班，倒不如尊重一下孩子的意愿，顺应他们的思想做出转变。

这两类妈妈不要做

妈妈的学生时代和现在孩子是完全不一样的。当时妈妈为了见朋友要花一个小时，而现在的孩子们都是在用移动手机与朋友对话。孩子们获取信息是通过互联网而非报纸，代替了笔和纸的平板电脑在学校也不足为奇。过了一段时间之后，孩子就会开始看着智能手机给妈妈讲妈妈都不懂的东西了。

科学技术发展的速度越来越快，与此同时，孩子们的成长速度也越来越快。初中的孩子能比妈妈更快地找到有关学习的信息。但孩子飞快的成长速度反倒让妈妈感觉更焦虑。

虎妈

都听过"虎妈"一词吧？虎妈就像老虎一样，以既严格又狠毒的方式来教育孩子。虎妈尤指像中国、韩国与日本等东亚地区的妈妈们。

第一次使用"虎妈"的人是一位叫作蔡美儿的耶鲁大

学终身教授。这位教授通过严苛高压的教育方式帮助大女儿同时考上了哈佛大学与耶鲁大学。这很令人羡慕，同时也是一件壮举。

这位妈妈就像神一样能帮助孩子达成每一个目标，但是在这样的妈妈身边长大的孩子到底能有多自信呢？在孩子所做的所有事情中，到底有几件事是完全因为自己喜欢而去做的呢？对于这些问题，我感到非常好奇。

直升机妈妈

负面评价东亚妈妈们的词，还有"直升机妈妈"。直升机妈妈是指就算孩子已经长大了，也还一直围绕在孩子身边，随叫随到的妈妈。虎妈多指那些从孩子非常小的时候就严格要求孩子独立的妈妈，但直升机妈妈却是指那些在孩子从小到大的时间里都活跃在孩子身边的妈妈。我们在新闻中经常能够听到一些有关直升机妈妈们的事迹。当孩子即将面对就业，教授却给了孩子一个低分时，直升机妈妈们就会去学校要求更换教授或祈求教授再多给孩子一点儿分数。这就是直升机妈妈们的典型事迹。

美国杨百翰大学在 2015 年调查 438 名大学生的研究结果表明，在直升机妈妈身边长大的孩子往往缺乏尊重自己与爱自己的能力，这正是父母过度干涉的结果。直升机妈妈同样会对孩子们的体力活动产生负面影响。加拿大昆士大学在 2015 年以 7 ~ 12 岁的孩子父母为调查对象，做了一系列问卷调查。调查结果显示父母对孩子的过度管教与子女的体力活动具有相关关系。研究人员根据程度把过度管教分为了五个等级，研究结果表明管教程度最高的直升机型父母的孩子们几乎没有什么体力活动，而在管教程度最低的环境中长大的孩子会频繁来往于学校、公园、小区街道、朋友家等，活跃度非常强。对于这些直升机型父母来说，除了对孩子进行过度保护以外，还存在着更为严重的问题。

限制孩子自由的妈妈越来越多了。出现这类虎妈和直升机型妈妈的原因是什么呢？在大多数情况下，都是因为妈妈会把自己的心愿寄托于孩子身上，让孩子来完成自己当年没有完成的愿望。

从大部分孩子的名字上我们就能看出父母们对于孩子的期望。比如说，如果父母希望孩子能成为一名法官的话，可能会在孩子的名字里加一个"宪"字。也许，从孩子出生的那一瞬间起，我们就已经开始把自己的私欲寄托在孩子身上了。

希望孩子越来越好与要求孩子满足自己的心愿是完全

不同的。当然，没有多少父母会对孩子一点儿期望都没有。不论是谁，都会对自己疼爱的孩子抱有期待。但是，一旦超越了适当的限度之后，问题就产生了。很多妈妈当然都不会认为自己是虎妈，或是直升机妈妈。但其实这一点应该是由孩子来判断的。妈妈该做的只是要努力不让自己成为虎妈或直升机妈妈。

孩子的自尊心

在一个家庭里，妈妈能给予孩子最大的礼物是什么呢？我认为是自尊心，而不是辅导班的听课证。孩子不可能每天都一帆风顺。在上学这段时间，孩子会面临无数道障碍，可以驱动孩子克服这些障碍的原动力就是自尊心。这种自尊心是无论上多么昂贵的辅导班也无法强制形成的。

每个人都会失误。作为妈妈的我们也曾经经历过失误与挫折。但是，一次失败就会陷入绝境中吗？失败有没有对你产生过帮助呢？虽然失败的当时会很难过、很疲惫，但在有些情况下，我们会因失败而获得很多更加珍贵的经验。我们为什么会为了防止孩子们失败而对他们进行过度保护呢？是不是因为我们害怕孩子会跟我们犯一样的错误呢？请给孩子一个可以摔倒、可以疼痛、可以成长的机会。如果每次孩子摔倒时，妈妈都在身边，而且连一个摔倒的机会都不给的话，孩子就无法从失败中学会坚强。

当然，如果在没有经历一次失败的情况下，就能到达目标终点的话，再好不过了。让我们回想一下孩子一岁之前的那段时间。孩子不会突然在没有任何扶持的情况下站起来。孩子都是在妈妈的扶持下，一步一步学会走路的。但我们也不能永远就这样抓着孩子的手不放。因为孩子一定要学会自己一个人走路。

孩子刚上小学的时候也是一样的。孩子在考试中没有取得令人满意的成绩，你会是什么样的心情呢？你是不是会觉得既然这次没考好，下次努力考好就行了呢？

如果是一直在妈妈的呵护与保护下长大的孩子，那么他将没有足够的力量去战胜一次次困难。孩子会认为，到现在为止所有的困难都是由妈妈帮自己解决的，就算失败了，妈妈也会帮助我站起来。如果我们希望孩子不会被失败所打倒，每次都能重新站起来的话，就请适当地放开孩子的手，让他亲身经历一些失败吧。孩子会通过这些经历获得自尊。

我的意思不是说放任孩子，不管他失败与否。我们要为了能让孩子战胜困难而成为一股力量。但是，如果妈妈每次都来解决孩子面临的困难，那么孩子的责任心也会逐渐萎缩。妈妈只要一直陪在孩子身边，给予关注就足够了。父母关心孩子的未来、照顾孩子是理所当然的，因为这也是父母的职责所在。请守护在孩子的身边，不要越界，也不要忽视。要先培养孩子的自尊心，才能让他在学校的生活当中少受一些伤害，也不会因一次成绩不理想就轻易崩溃。

孩子是哪种类型？

　　我感觉身边有很多孩子因不学习就会挨骂，所以在无奈之下去辅导班的书桌前坐下。这样静静地坐在书桌前，成绩就会有提升吗？不可能的。

　　当孩子的学习成绩没有提高时，妈妈对待孩子的态度分为两种。有一类妈妈会大声地呵斥孩子，逼问孩子在辅导班到底有没有好好学习，另一类妈妈会因为感觉孩子会失落、难过而去安慰孩子。

　　对此，孩子们的反应也不尽相同。有的孩子被妈妈骂了一顿之后会乖乖听话，但也有孩子会对妈妈进行反抗；面对妈妈温柔的安慰，有些孩子能体会到妈妈的良苦用心，但有些孩子却会对其无视。

　　每个孩子的性格都是不同的。因此，我们要根据孩子不同的性格来给予安慰或忠告，从而帮助孩子把精力集中于学习上。这些事情是无法由辅导班老师或学校班主任来替妈妈完成的。我把孩子的性格大致分为三类，请想想自己的孩子属于哪一类性格。

渴望表扬型

第一类，"渴望表扬型"孩子。

有些孩子非常渴望能得到表扬。在严格的父母身边长大的孩子很少能被父母表扬，因此面对表扬时，这些孩子表现得非常敏感。在制订考试目标这一点上，他们也与其他学生有所不同。

表扬，是再好不过的礼物。表扬是不用花钱就可以给予孩子的最好的礼物。如果父母不经常表扬孩子，那么孩子的所有目标就会自然而然地变成"得到表扬"。也就是说，孩子会出现渴望得到表扬的情况。

如果没有达到目标，会发生什么情况呢？孩子会害怕，害怕自己可能会得不到妈妈的认同。所以为了达到目标，获得妈妈的认可，他们会只集中于自己擅长的领域。对于成绩不太好或者很难达到目标的科目，孩子不会轻易选择去尝试。

就算孩子现在的成绩还不太好，也请在别的领域多表扬表扬孩子。如果太渴望得到表扬的话，孩子会处于一种类似一直找水喝的状态。

争强好胜型

第二类，"好胜心"非常强的孩子。

如果从小就一直被大人拿来作比较，那么孩子就会逐渐形成竞争心理。如果这种竞争心理一直持续下去，孩子就会把在学校里认识的朋友也当成竞争对手。其实在我们这种以相对评价为标准的教育体制里，是很难不与人竞争的。但如果在竞争中度过每一天，不会觉得很闷、很孤独吗？

在学校考试的时候，只比同桌多答对了一道题，好胜心非常强的孩子就会觉得很开心。但其实连自己真正实力的 50% 都没有发挥出来。其实相比于赢了谁，到底有没有充分发挥出自己的实力才是最重要的。

我们的孩子现在还处于一个看得多、读得多、想得多的时期。为了达成最终目标打下坚实的基础与比朋友取得更高的分数，还是前者比较重要。当然，如果自己家孩子的成绩没有邻居家孩子的成绩好的话，当然会比较失落，因为我们都是普通人。但孩子要走的路还很长，要学习的时间还很多，学习也不是为了赢过别人。好胜心太强的孩子往往都是被父母影响而成的。这类孩子不会因爸爸的工资没有邻居家爸爸的工资高就感到伤心。因为他们的关注点更多是爸爸妈妈有多么爱自己，有多么关心自己。

如果孩子的好胜心太强，那么请与孩子一起制订一个新的目标。这个目标不是比谁做得更好，而是挑战一些新的领域来获得一些成就感。如果好胜心太强，孩子就会非常渴望比赢其他人，自己当第一。

请帮助孩子去理解学习的意义。学习不是一个竞争道具，而是一个能够促进自己成长的因素。这样孩子看待这个世界的目光就会变得柔和许多。孩子的竞争对象没有必要非得是某个具体的人吧？通过一些测试，或与朋友比赛在今年之内谁先精读完 10 本书，利用好胜心来帮助孩子多与自己做一些约定吧。

缺乏自信型

第三类，"缺乏自信心"的孩子。

如果缺乏自信心，就会害怕去表现自己。这种类型的学生可能是因为在成长过程中几乎没有得到过多少认可。因为对自己本身评价就不太高，所以与那些好胜心较强的孩子相比，这类孩子会更倾向于回避竞争。因此，这些孩子都非常不喜欢在全班同学面前做演讲。因为演讲就意味着要在人们面前表现自己。

演讲完回家之后会发生什么事呢？孩子到家之后还没放下书包呢，妈妈就开始问今天的情况了，这会让孩子更加抑郁。如果这种情况持续下去，孩子最终会失去对学习的兴趣，走向社会之后也会逐渐成为一个自卑的成年人。

对于这些不自信的孩子，妈妈要一直向孩子灌输"不论什么事情，只要努力就一定能取得进步"的道理。孩子现在处于一个极度没有自信的状态。妈妈要不断地告诉孩子他是一个珍贵的存在，且他所拥有的力量是无穷无尽的。另外，可以多给孩子讲讲自己学生时代的故事。包括当年是怎样努力把不擅长的科目成绩提升上去的，是怎样克服当时所面对的难关，等等。

要告诉孩子谁都会遇到困难，而且妈妈也曾经历过，通过这些与孩子形成心理上的情感纽带。也就是让孩子意识到不只有他才会经历这些困苦。我们不是也经常能看到克服了自己的心理障碍之后成功的人吗？众所周知，史蒂夫·乔布斯曾因性格问题从自己建立的公司里被赶出来过，朴智星作为一名足球选手却不具备高壮的体格，而且他还是扁平足。

好胜心太强的孩子和没有自信的孩子都有一个共同点，那就是"太在意别人的眼光"。如果不去在意别人的眼光，也就不会想着与他人竞争，也就没有必要去看别人的眼色了。我们的孩子才是他人生中最重要的主人公。

我们都需要反思一下，作为父母，我们是否忽视了孩子独有的性格，而硬逼着孩子去辅导班学习。

孩子都有哪些类型?

1. 渴望表扬型

严厉的父母／缺乏表扬／想要获得认可／

只会去挑战擅长的领域

----

2. 争强好胜型

曾经总是被拿来比较／朋友也是竞争对手／

需要新的目标——挑战自我

----

3. 缺乏自信型

没有得到过认可／恐惧心理较强／需要表扬与安慰

就算做得好，还是照样担心

老师　慧静，你好。慧静同学的学习成绩真的很好啊。

慧静　嗯，但成绩好最近却成了一个负担。

老师　学习好为什么是负担呢？

慧静　因为成绩总是排在最上面，所以我害怕某一天就会从上面掉下来。我从小学开始就一直在同时上着三个以上的辅导班。我感觉现在有点儿累了。

老师　现在就觉得累可不行，少去几个辅导班怎么样？

慧静　这话要是跟我妈妈说，她会当场晕倒的。妈妈甚至还想让我再多上几个呢……

老师　勉强去上也不会有效果的呀？每次在辅导班上课你都会百分之百地集中精力听课吗？

慧静　不是。最近我感觉真的没办法集中精力。而且数学辅导班留的作业真是太多了，我甚至会在学校课堂上做辅导班的作业。

老师　很多上辅导班的孩子都说会在学校课堂上做辅导班老师留的作业。其实上辅导班的最初目的是为了更好地理解学校课堂上的知识点啊，真是可惜。如果长期反复的话，上辅导班肯定不会对学校考试成绩有什么好影响的。

慧静　最近最让我感到烦躁的是，妈妈总是对我说一定要考上重点高中的英才教育班，但我只上一般高中就可以了。

老师　慧静同学的成绩很不错，为什么不想去重点高中呢？

慧静　因为去了重点高中的英才教育班就意味着还要拼命学三年。我不想这样了，我感觉去一般高中排名会更靠前。

老师　老师觉得现在才是更应该加把劲儿努力学习的阶段，但慧静同学看起来已经感觉到累了。对于你这样聪明的学生来说，因为自己已经具备了属于自己的学习方法，所以减少一些辅导班的比重，把更多的精力集中于复习学校课堂上的内容会更加有效率。你可以试着诚实地对妈妈说出自己的想法。妈妈现在很有可能会认为，慧静为了去重点高中的英才教育班能够忍受所有的辛苦呢。

老师的建议
过度的鼓励反倒有可能让孩子泄气

　　学习成绩好的学生也有自己的苦衷。学习成绩好，父母对孩子的期待自然也就更高了，他们会期待自己的孩子出类拔萃。但是，这种心理会让目前也足够优秀的孩子感到更加疲惫。学习成绩好的孩子现在可能已经知道怎么做才能继续提高自己的成绩了。对于这样的孩子，只要妈妈耐心地守护在他们身边，努力为他们营造一个更好的学习氛围就足够了。

自我诊断
上了辅导班，孩子的学习成绩就一定能提升吗？

　　关于辅导班，妈妈们问的最多的一个问题就是："上了辅导班，我的孩子就真的能够提高学习成绩吗？"虽然抱着很大的期待把孩子送进了辅导班，但结果有时却会非常令人失望；反过来，有时也会有超越期待的事情发生。

　　这两者的区别在哪里呢？通过以下测试，我们能够得出自己的孩子现在到底有没有做好在辅导班达成自己目标的准备。

　　（同意：2分，一般：1分，不同意：0分）

编号	题目	同意	一般	不同意
1	我的孩子曾经制订过学习计划表。	☐	☐	☐
2	我的孩子有与学习相关的爱好。	☐	☐	☐

编号	题目	同意	一般	不同意
3	我的孩子平时玩手机的时间每天不超过两小时。	☐	☐	☐
4	我的孩子会对试题中的错题进行复习。	☐	☐	☐
5	我的孩子今天已经掌握了学校课堂上的知识点。	☐	☐	☐
6	我的孩子对看书没有抗拒心理。	☐	☐	☐
7	我的孩子对于上辅导班没有抗拒心理。	☐	☐	☐
8	就算只有一点点时间，我的孩子也会抓紧时间学习一会儿。	☐	☐	☐
9	我的孩子每天在家学习的时间超过1个小时。	☐	☐	☐
10	我的孩子有梦想，梦想要成为什么。	☐	☐	☐
11	我的孩子可以坐在书桌前看20分钟以上的书。	☐	☐	☐
12	我的孩子会整理错题本。	☐	☐	☐
13	我的孩子属于喜欢遵守约定的那一类型。	☐	☐	☐
14	除非自己生病了，感觉到很不舒服，否则我的孩子每天都会去学校。	☐	☐	☐

编号	题目	同意	一般	不同意
15	在寒暑假期间，我的孩子也有固定的学习时间点。	☐	☐	☐
16	我的孩子有固定的学习场所。	☐	☐	☐
17	我的孩子没有拖延做作业的习惯。	☐	☐	☐
18	我的孩子有喜欢的科目。	☐	☐	☐
19	我的孩子曾因不懂的问题而向我请教过。	☐	☐	☐
20	我的孩子会主动地坐在书桌前。	☐	☐	☐
总分				

0~8分：这类孩子，就算被送进了辅导班，成绩提升的概率也非常低。当务之急是给这类孩子树立学习目标。他们目前有可能是在毫无目标的情况下学习，甚至从来就没有想过学习的真正理由。

9~16分：即使被送进辅导班，这类孩子也很难提升学习成绩。他们没有很大的意愿想去学习，所以就算去了辅导班，也会马上对其感到厌烦。就算自己已经设立了具体的学习计划，也很难有效率地将其完成。父母有必要在送孩子去辅导班之前与孩子一起想清楚他未来想要成为什么样的人，或对"学习的理由"进行认真思考。

17~24 分：上了辅导班也很难能快速见效。虽然平时成绩不会落后于同班同学太多，但也很有可能没什么比较优势的科目。所以在选择辅导班的时候，父母可能会比较纠结。可以与孩子坐下来一起评估一下各科学习情况，再去通过辅导班来查漏补缺。

25~32 分：孩子已经做好了通过上辅导班而提高学习成绩的准备，因为孩子已经能够根据学习计划去安排自己的学习进度了，所以在辅导班也可以自主地将在学校学到的知识联系起来，从而高效率地学习。相较于同龄孩子，这类孩子的学习意愿比较高，因此上辅导班很有可能有助于提高学习成绩。

33 分以上：如果目前在上辅导班，那么可以继续；如果还没有上辅导班，那么可以通过辅导班的课程提高学习成绩。因为他们对于学习的整体准备状态良好，制订好学习目标之后就很有可能达到预期目标。可以按部就班地按照计划表进行，所以在没有父母的干涉下也能灵活运用辅导班课程来提升自己的学习成绩。

第三章

提升孩子学习成绩的秘诀

1 不上辅导班会怎么样？

> "
> 不上辅导班，
> 成绩会突然下滑到
> 全校最后一名吗？
> 那些曾经会做的数学题
> 会突然变得不会做吗？
> "

接受一下咨询
怎么样?

　　你参加过辅导机构的招生说明会吗? 在招生说明会上, 辅导班的招生人员总是会吓唬在场的父母们。就好像不上辅导班的孩子们这一生终将会沦落为失败者一样。就算妈妈们心知肚明那只是辅导班的一种宣传手段罢了, 但还是会感到焦虑。只要妈妈们开始坐立不安了, 那坐在身边的孩子也一样会坐立不安。接下来, 妈妈就会顺其自然地对孩子说:"你是不是也觉得该上辅导班了? "

　　这时, 妈妈和孩子都陷入了苦恼之中。妈妈对至今为止还没有上过辅导班但成绩还算不错的孩子感到欣慰;同时, 觉得孩子再不上辅导班, 就真的该跟不上了。但是, 妈妈又觉得不应该因所有的孩子都在上辅导班就头脑发热一拥而上, 也不应该听了辅导机构的一次宣传就掏钱买课, 清醒地认识到只有当孩子主动提出希望接受课外教育时才会真正有效果。所以, 这时妈妈会对孩子说:"要不先去辅导班接受一下咨询吧? "

　　接下来妈妈们就开始找各种辅导机构了。其实在大部分情况下，只要妈妈的脚踏进了辅导班的门，结局就已经注定了。在辅导机构担任咨询业务的工作人员早已是轻车熟路的专家了。甚至有人说，那些负责接待咨询的销售人员只要观察妈妈们的走路姿势和说话口音，就能立马判定该用怎样的方式去说服她们交钱了。辅导班的销售说："姐，现在已经算是晚了。现在您的孩子已经不处于需要复习学校课堂内容的阶段了，他早就该开始提前学习高中的知识点了。"他们会用非常坚决的语调开始为妈妈介绍他们辅导机构的课程安排内容，向妈妈解释孩子现在有多么必要上辅导班，同龄孩子已经领先了多少等。其实妈妈对于咨询老师所说的一部分内容是赞同的，而且妈妈确实也期待，如果接受了课外教育，哪怕是一点点，都能比不接受有效果。

晚上躺在床上，妈妈的脑子里全都是白天辅导机构销售说过的话。因为父母就是想把世界上所有最好的东西都给孩子。等到第二天孩子上了学，妈妈就立马到辅导班给孩子报名了。

不上辅导班会怎么样呢？孩子的学习成绩会突然下滑到全校倒数第一名吗？孩子的智商会突然下降，导致解不出之前就会做的数学题吗？到现在为止，这种令人担忧的情况还没有发生过。虽然不上辅导班的确会减少孩子的学习时间，但做作业的时间变短之后，孩子的自由时间就多了。

在焦虑与心疼之间

对于现在的孩子来说，他们最需要的是什么呢？如果在新的一年问妈妈们最希望孩子做的事情是什么，那么几乎没有妈妈会回答："希望孩子能更努力地上辅导班。"最多的回答是："只希望我的儿子/女儿能健康快乐地成长。"但是，只要开学之后孩子的成绩稍微有些下滑，这些心愿就会逐渐都被抛之脑后。学习成绩把快乐挤掉的情况就这样发生了。

可孩子们上辅导班不也是为了幸福和快乐吗？

学习成绩越好，成功的概率才会越大，只有成功了才能挣很多钱，有了很多钱之后才会幸福，这个的确是毋庸置疑的事实。但这种幸福对于孩子来说还是太过遥远，目前孩子们还感觉不到。对于我们现在的孩子来说，放学之后的辅导班，只能让他们感到更加疲惫。

对于那些平时能够与妈妈一直维持良好且亲密关系的孩子们来说，他们所承受的压力甚至比其他孩子还要大。因为他们日常生活中所面对的与妈妈平时对他们所说的话实在是差太多了。虽然妈妈平时最经常说的话是："我们家在勋只要能健健康康的就够了。妈妈从不奢求什么。"但事实上妈妈却报了三个辅导班让他上，导致孩子根本就没有什么时间能跟妈妈说说话。

不让孩子上辅导班吧，怕他的成绩一落千丈；让孩子上辅导班吧，看着孩子每天跑来跑去疲惫不堪的样子又让人心疼。这可真是让人不知所措。

在这里，我们一定要明确"孩子上辅导班的理由"。我们把孩子送进辅导班是为了孩子，不是为了自己。平时请多观察一下自己的孩子是否已经开始变得厌倦上辅导班，且经常感到非常疲惫了。通过观察，也许你能够更快地找到正确答案。

最让人感到头疼的情况是：辅导班是孩子主动要去上的，但学习成绩却迟迟没有提升。在这种情况下，妈妈是真的不知道该做何选择。接下来，就让我们来看一下该如何利用辅导班提高孩子的学习成绩。

2　妈妈的角色

"

静静地等待
孩子找到
自己真正喜欢的领域，
并将它做好。

"

妈妈永远
站在你这边

　　真是太难了。自从孩子上了辅导班之后，只要妈妈一张口和孩子说话，就会开始吵架。看着孩子上了辅导班，成绩不但没有提升，还变得更不爱学习了，妈妈就气不打一处来，在不知不觉中，就会说出一些比较过分的话，或者已经一个星期没有跟孩子说过话了。在这种情况下，提高学习成绩貌似已经是奢望了。到底是哪里出了问题呢？

　　孩子上了辅导班之后，妈妈就会自然而然地对孩子的成绩有所期待，希望迅速就能看到效果。但如果短时间内并没有见到预想之中的效果，妈妈就会开始心急，也会频繁询问孩子到底有没有在往正确的方向努力。一旦这种情况长期反复，孩子就会逐渐感到厌烦与疲惫。

　　妈妈为什么总是那么心急呢？因为妈妈对孩子的信任还不足以支撑自己去耐心等待。一旦缺乏信任，那么在双方情绪都非常激动的情况下，孩子就会把妈妈口中那些非常过分的话都记在心里，从此开始怀疑妈妈对自己的爱。

夫妻之间吵完架之后不会立马就想到离婚。为什么呢？因为夫妻之间是有信任存在的。虽然当时双方的情绪都非常激动，会产生一些不好的想法，但冷静下来后双方都知道那不是真心。"信任"的作用就是告诉人们，当时那种想法只是因发生了不愉快才产生的，其实两个人之间根本没有那些讨厌与憎恨的感情。父母和子女之间也一定要彼此信任。

在有两个以上孩子的家庭里，下面这种情况会时有发生：老大的学习成绩好，妈妈就会让老二沿用老大的学习方法。妈妈会强迫老二也去上老大曾经上过的辅导班。模仿优等生的学习方法，就一定能提升学习成绩吗？如果真是这样，那么这个世界上就没有差等生了。每个人生来都是与众不同的。我们要承认这些差异的存在，并对孩子自己的学习方法予以信任。

现在有两个智商与学习时长都相同的学生，上的辅导班也是同一家，但他们的成绩却不一样。A的体力非常好，所以放学之后也能一直保持好的状态，继续在辅导班努力学习；但B的瞬间专注力要比A好，却无法像A一样长时间地集中精力。然而只要休息一小会儿，B就能够立马恢复到精力集中的状态。B跟父母诚实地说，感觉自己很难在放学之后就立刻去辅导班继续学习，但 B 的父母却听不进去。可能是因为 A 与 B 投入的学习时长都一样，但 B 却没有 A 的学习成绩好。B 的父母固执地认为，B 就是因为不想学习，才以这样的说辞来给自己开脱的。

成绩不好就不相信我吗？

在同样的情况下，妈妈们貌似更倾向于选择相信学习成绩好的孩子。但事实却是，目前还没有任何统计数据说明成绩差的孩子比成绩好的孩子更喜欢撒谎，也没有任何一个证据能够说明数学成绩差的孩子判断能力就不高。

有些时候，只要学习成绩稍差的孩子一站出来表达自己的观点，妈妈就会立马抢着对他说的话进行反驳。其实，很多时候我们更需要带着一颗信任的心，去多倾听孩子所说的话。如果学习成绩不是太好的孩子对妈妈说不想去线下辅导班，而是想上网课，那么大部分的妈妈会首先选择去反驳自己的孩子。但实际上，上网课真的有可能比线下授课更适合某些孩子。很少会有人想去跟那些不认真倾听的人进行交流。请先选择相信自己的孩子，倾听孩子所说的话。认真地听完孩子所说的话之后再决定要不要去反驳他，也是来得及的。

与孩子培养共同信任

那么，该如何去培养信任呢？在双方都没有任何私心的情况下，信任其实是能够自然地形成的。一旦双方关系里掺杂着各自的私心，那么这段关系就注定无法长久。比如说，父母和孩子有一个约定。但在这份约定里，却包含了太多妈妈对孩子的期望：这次考试要考个第一名，要考上一个好大学等，而这些期望可能是在妈妈不知不觉中就形成的。

然后呢，如果接下来的一系列结果都没有达到妈妈的期待，妈妈就会对孩子非常失望。"我对你抱有这么大的期待，而你能做到的却只有这些吗？"这种不好的想法逐渐开始萌生。这种想法长大结成的果实也不可能是甜的，因为它从一开始就充满了私心。形成信任的第一步，是真心。

你如果跟孩子承诺过什么，即使是一个非常小的承诺，也请不要忽视它。很多父母都觉得自己在遵守承诺这方面做得很好。你有没有在孩子玩手机的时候，对孩子说过"写完作业再去玩手机"呢？但在孩子写完作业之后看手机时，妈妈还是一样会训斥孩子。但妈妈之前已经跟孩子承诺过写完作业就可以玩手机了。

这些细碎的生活细节其实也要算作承诺，其实随便一想并不算什么大事，就算没有遵守这个约定也不会怎么样。但是，一旦这种不遵守约定的行为形成习惯之后，孩子之前对父母有过的信任就会逐渐消失。"反正我妈妈是那种就算约定好了也不会遵守的人。"这种想法会不知不觉地在孩子心里生根发芽。如果想让孩子信任你，那么就算是再小的约定，也一定要记得遵守。

目前，大部分父母和孩子的约定都与学习有关。"在妈妈今晚下班之前，习题册要做到第 96 页""这次考试考过 88 分就满足你的愿望"，等等。但我们的孩子每一天都在长大。再过一段时间，孩子就要上大学，找工作，还要恋爱结婚的。

可见父母和子女之间，需要商讨的事情实在是太多了。但是，如果每当这种重要的时刻，孩子都无法信任妈妈，那该怎么办呢？如果实在没有办法遵守约定，我们也一定要告诉孩子我们无法遵守约定的理由。

作为妈妈，我们要先信任自己的孩子。一旦妈妈开始相信孩子，孩子就会毫无保留地打开信任之窗。如果孩子今天放学回来，我们尽量不要去问孩子今天都学了什么内容，而是要问一问孩子最近有哪些不高兴的事情，然后试着对孩子说一句"辛苦了"。从今天开始就来得及，请让孩子感觉到妈妈永远都会站在他的身边，让他感觉到妈妈对他的信任。

倾听孩子的心声

　　孩子的学习成绩与孩子和妈妈之间的沟通有关系吗？虽然没有研究表明母子之间的对话能够显著提高孩子的成绩，但从大多数成绩比较优秀的学生中，我们可以看出，这些孩子都会花一定的时间和妈妈进行沟通。妈妈与子女之间的对话是怎样影响孩子的学习成绩的呢？

　　平时和妈妈并没有太多交流的孩子鼓起勇气对妈妈说："妈妈，我换一个辅导班上怎么样？我感觉现在这个辅导班不太适合我。"

　　妈妈突然间有点儿不知所措了。平时孩子不会表达出什么不满，现在却突然说不想上辅导班了。而且妈妈也不知道现在这个辅导班到底是哪里出了问题。

　　妈妈说："妈妈觉得这个辅导班挺不错的，你还是再上一阵子吧。"其实，孩子早就感觉这个辅导班不适合他了。只是因为平时没有什么时间能跟妈妈交流，一直没来得及表达自己的想法罢了。妈妈说出自己的意见之后，孩子并没有表达出什么异议，所以妈妈一直认为"妈妈的想法＝孩子的想法"。于是，孩子在心里想："反正跟妈妈说，问题也得不到什么解决，还是自己解决吧。"

之后，虽然孩子在妈妈面前装作自己是刚从辅导班回来的，但其实都是跟朋友去了游戏厅，根本就没有去辅导班。这件事也不再告诉妈妈。

请多多附和孩子

如果孩子试图跟你对话，那么我们有必要在听完孩子说的话之后，一定程度地去附和他。听完孩子的话之后，我们再发表自己的意见也不晚。就算妈妈认为孩子的想法是错的，也要让孩子觉得"妈妈是愿意倾听我说话的人"。如果妈妈每次都在孩子说话的时候打断他，那么从此之后孩子就很有可能不想再和妈妈去对话了。就算孩子想和妈妈说说今天在学校发生的事，可能也会想起之前妈妈曾经打断过自己的经历。在这种环境下，孩子是很难诚实地说出自己的烦恼的。孩子跟妈妈的想法不一样是极其正常的现象，我们要尊重这种差异。

很多妈妈都会抱怨，随着孩子一点点长大，与孩子沟通起来越来越困难。最主要的原因其实是孩子的表达方式逐渐变得没那么干脆直接了。小时候，孩子会以"喜欢""不喜欢"的方式直接表达出自己的想法，但随着孩子需要思考的事情越来越多，自己也变得越来越成熟，表达方式也变得越来越委婉了。因此，孩子已经表达了自己的想法，但妈妈却不曾发觉的情况会时有发生。

"妈妈，你听过自我主导型学习模式吗？"其实，孩子真正想表达的是："妈妈，我想先停掉一段时间的辅导班，自己在家学习可以吗？"但丝毫没有懂孩子意思的妈妈却在网上搜索"自我主导型学习模式"的定义，接着给孩子说明。

但孩子是每一天都在长大啊，而且照顾别人的能力也在逐渐变强。孩子很怕妈妈听了自己不想去辅导班的想法之后会伤心，所以只能换一种表达方式。虽然妈妈平时不曾发觉，但孩子有可能已经尝试过很多次去跟妈妈表达自己的想法了。因此，一定要尝试多去和孩子进行沟通，且不断尝试站在孩子的立场上思考问题。

现在的小学学习生活就足够让孩子忙得团团转了，能够和妈妈面对面对话的时间也随之变少，这就更需要我们主动跟孩子进行交流了。其实有很多妈妈都觉得与孩子保持亲密的关系，并多跟孩子沟通是一件非常困难的事。与孩子的交流一旦中断，就需要耗费很多时间与精力去修复亲子关系。如果现在的你跟孩子没有太多的交流，那么就从今天开始多去尝试和孩子进行对话吧。不要拖延，现在还不算晚。就算是每天只用一点点的时间，我们也要多去和孩子沟通交流。

问题促成对话

一谈到父母与孩子进行对话的重要性，很多人就会想到有关"犹太人"的教养秘诀——"Havruta"。它包含着与朋友、伙伴进行辩论、讨论、对话的犹太文化。犹太人通过这种方式，从小开始就与他人分享自己的想法，学习并养成倾听他人想法的习惯。犹太人在胎教时就非常注重与孩子之间的对话。在孩子出生以后，父母在每天睡觉之前也会与孩子进行一次交流。而且，犹太人非常重视"与家人的进餐时间"。虽然在对于教育的热情这方面与我们非常地相似，但对此进行实践的方式却与我们很不一样。

他们与孩子的对话大多是由孩子的提问开始的。其实，孩子提出问题可能不是单纯想得到一个明确的答案，他只是想针对好奇的问题跟别人讨论一下罢了。而且到目前为止，对自己提出的问题进行解答，并与之进行讨论的人绝大多数情况下都是自己的妈妈。面对孩子提出的问题，比起给他一个明确的答案，毫无负担地与孩子将对话进行下去才是最有意义的。

我们都遇到过这种情况吧？星期一，跟上司一起坐下来吃午饭。作为下级，出于礼貌，我们会先开口和上司说话。"部长，周末过得还愉快吗？去哪里玩了呀？""没有，我就待在家里了。"

对话到这里就结束了，然后气氛就会变得有些尴尬。甚至还会让人觉得"这是想继续说下去的意思还是什么意思"。因此，在大多数情况下，对话以疑问句结束比较好。如果在上一个对话里，部长的回答是"我在家待了一整天，科长都去哪里了"的话，谈话的氛围就会变好很多。

跟孩子的对话也是同理。有的时候孩子会问一些叫人不知该如何回答的问题，比如："如果今天不学习会发生什么事情呢？"在这种情况下，我们要试着用疑问句回答："如果不学习的话，可能以后就很难去做一些自己喜欢做的事情了吧？我们在勋是怎么想的？"

天马行空有时会胜过经验常识

也就是说，在对话中我们要让一个问题接着一个问题。至少，如果向对方提出一个问题，那么在对方回答问题的时间里，我们要能抓紧时间思考。如果向孩子提出问题，孩子就会自己发挥想象，就算孩子的想象一点儿也不符合现实也没关系。因为非常识性的答案偶尔也会胜过常识性的答案。

我们现在要去一个非常遥远的星球去获得资源，但是这个星球充满了毒气，想要获得资源是非常困难的。于是，我们要向在那里居住的原住民灌输思想来操纵他们。怎么样，听起来是不是违背常识呢？这种问题是不是有点儿异想天开了？但就是这个有些荒谬的故事在本世纪最伟大的电影导演詹姆斯·卡梅隆手里诞生了一部叫作《阿凡达》的电影。

这是电影史上的第一部 IMAX 电影，它让全世界的人都为之疯狂。有人竟然在 2 个小时 40 分钟的时间里没有错过一秒钟的精彩片段，集中所有的精力看完了这个异想天开的故事。跟孩子聊的那些不切实际的内容真的一无是处吗？如果是这样，那这个世界上恐怕就不存在科幻电影了。

虽然我们也非常重视与家人的对话，但一个十三四岁的孩子为了下课后直接去辅导班，而只能自己吃口快餐的情况却随处可见。也有人可能会想，孩子上完辅导班回来再聊聊天不就好了吗？但每天晚上当孩子很晚才上完辅导班到家后，我们都会跟孩子聊些什么呢？是不是只会聊一些有关学习的无聊话题呢？再加上累了一天的妈妈其实也想休息了。怎样才能让孩子感觉到"我的妈妈会认真倾听我说的话"呢？多试着跟孩子沟通沟通吧。把今晚的晚饭时长稍微延长一些，多跟孩子聊聊天怎么样？其实，孩子少上一次辅导班的课其实也不是什么大事。

我家孩子
最喜欢的是？

回想一下，妈妈在学生时代也经历过一段年少气盛的时期。在那段时期，她们也不知道自己真心想要的是什么。如果妈妈让我赶紧回屋学习，我反倒会把正在看着的书本合上；如果妈妈让我早点儿回家，我就会想方设法地晚点儿回去。妈妈小时候都是这样，更何况现在的孩子呢？其实，大家都是一样的。孩子在青春期时，不论父母说什么，孩子都是不会听的。如果说以前的孩子大多会非常听妈妈的话，会按照妈妈的意愿去做事情的话，那么现在的孩子会更倾向于自己做判断，自己做选择。我们不能对孩子的这种心态视若无睹。因为孩子处于这段特殊时期时，强迫是不管用的。

在反抗心理作怪的青春期，到底什么能够让孩子努力地去学习呢？首先，我认为高智商是一个先天的优势。但是，如果把孩子全班同学的智商全都公布出来的话，他们之间的智商会有很大差距吗？其实智商最高的孩子和智商最低的孩子之间是没有太大差距的。

奖励会让孩子有所期待

那么，如果给孩子一些物质性的奖励，孩子会更加努力地去学习吗？妈妈对孩子说："儿子，如果你这次考试考好了，妈妈就给你买你想要的游戏机！"

充满了动力的孩子这次通过努力学习得到了自己想要的结果。但是，下一次考试呢？也许，下次的奖励要比这次大很多才能满足孩子。其实妈妈也是这样的，不是吗？如果这次生日老公给自己买了一副耳坠，那么下一次生日就会期待老公给自己买一条项链，再下次生日就会期待收到耳坠＋项链礼盒。孩子们呢？如果收到的礼物没能满足自己的期待，那么就会把怨气全部宣泄到学习上面。其实，我们和孩子都一样。

"如果这次我跟妈妈说不给我买运动鞋，我就不努力学习了，那妈妈肯定会拿我没办法，而给我买运动鞋的吧？"

物质性奖励在激励孩子努力学习这方面看起来也起不到什么实质性的作用。

让我们想象一下，现在家里非常脏乱，可虽然脑子里想着"要打扫卫生了"，却很难行动起来。为什么把想法付诸实践这么困难呢？这是因为我们缺少"内在动力"。

因为相比于打扫卫生，还是躺在床上看看新闻更有趣，不是吗？没有人不喜欢舒适。但是，当我躺在床上的时候，电话铃突然响了。是婆婆打来的电话，我忐忑不安地接了电话。"孩子妈啊，我今天有事要去你家那边一趟，一会儿我去你家坐会儿。"

现在的情况就跟之前有所不同了。家里乱七八糟的东西突然一下都映入了眼帘。没有办法，只好打开吸尘器开始打扫卫生。为什么会这样呢？因为有了外部压力。这种外部压力与内心的想法毫无关系，我只能对这种外部压力做出反应。

内在动力

优等生和差等生都知道自己该学习，但为什么学习成绩不好的学生很难把自己的想法付诸实践呢？因为缺乏学习的动力。看到这类孩子，妈妈会非常生气。他们也不是完全不学习，而是只会稍微用那么一点儿功，可这种状态无法持续很长时间。因为他们的学习是被强迫的。外部压力一旦没那么强，孩子就会恢复自己本来的面目，因为没有一个实质性的内在动力。

想象一下，我拥有一辆非常高级的进口车，这辆车甚至有自动泊车的功能，这在任何人眼里都是一辆顶级的跑车。但有一个问题，我其实对开车并没有什么兴趣，我更喜欢的还是坐在地铁里看书。顶级跑车在我这里就成了一件没有用的东西。学习也是一样的。不论有多么好的先天条件，如果自己不想去做，就全都没有用了。孩子真正需要的其实是"喜欢上学习"。那么，我们到底该怎么做呢？

有一句沃伦·巴菲特经常说的话："在自己面临一些状况的时候，要观察自己下意识性的反应，还要了解自己内心真正憧憬的是什么，也要对自己真正擅长、感到兴奋的领域进行观察与确认。"

有很多孩子至今都没有认识到自己真正的长处与优点。他们只是为了应付眼前的考试，被逼无奈去学习罢了，然而对自己真正喜欢的、感兴趣的事情却一无所知。如果想喜欢上学习，那么首先要对自己有一个真正的了解。

孩子对英语非常感兴趣，但是这对妈妈来说却没那么重要。因为妈妈看见孩子的成绩单，首先映入眼帘的是分数特别低的数学成绩。比起孩子感兴趣的科目，妈妈的关注点更多在于弱势科目的成绩上。所以一直在送孩子上数学补习班。事实上，因为孩子喜欢英语，所以他的英语成绩不算差。

孩子也对妈妈说出了自己的想法：想花更多的时间去学英语，妈妈却不予理睬。因为妈妈全部的关注都放在一塌糊涂的数学成绩上了。但是，如果想让孩子真正发自内心地主动学习，妈妈要先去了解孩子的性格特点和价值取向。比起一味地去弥补缺陷，发挥长处有时更有利于成功。

孩子喜欢什么呢？

没有什么能胜过"喜欢"。有时"擅长"可能会威胁到"喜欢"。从短期看来，"擅长"有可能会胜过"喜欢"，但随着时间的流逝，"擅长"输给"喜欢"是必然的结局。如果没有了"喜欢"，那么孩子目前就算做得再好，精力也会被别的东西带跑，手里的书也会变得枯燥无味。

我们要帮助孩子去寻找他自己真正喜欢的东西。看到一些成绩特别优秀的人写的文章，我们就能发现，他们是因为真正发自肺腑的热爱，才会选择去深耕那片领域，从而取得了好成绩。不觉得很神奇吗？竟然有人会发自肺腑地喜欢学习……其实认真一想，我们在学生时代也有过几个虽然说不上痴迷，但相较于其他科目来说更加喜欢的科目，以至于在上那门课时，我们可以不打瞌睡，认认真真地听完每一节课。

到底是为什么呢？因为起码在上那门课时，我们找到了自己的兴趣。人会反复去做自己喜欢的事情。所以我们会期待着上那门我们喜欢的课。如果反复去做自己喜欢的事，我们就会产生满足感和成就感。就这样，孩子会自然而然地去学自己喜欢的科目。这与单纯为了考试而去学习完全不在一个层次上。

我们可能会觉得，孩子就像是从自己身上掉下来的一块肉，是自己亲手养大的，所以我们认为对自己的孩子了如指掌，但其实并不都是这样的。反倒因为我们与孩子太熟悉，才会产生一些过于主观的判断。请帮助并正确引导孩子去寻找自己真正喜欢的领域。这样一来，孩子就能够更快地爱上学习。

耐心等待，
直到孩子拥有梦想

　　单纯地为了提升学习成绩而学习和为了实现梦想而学习，哪种学习的效果会更好呢？当然是为了梦想而学习了，因为会更有成就感，自己能感受到自己慢慢成长、发展的过程。就算上的是同一家辅导班，具有明确目标的孩子也更加容易提高自己的学习成绩。

　　其实我们的孩子也明白。因为在妈妈看新闻的时候，有太多有关失业率上升、失业者增加的消息了。很多大学刚毕业的大学生为了考上公务员，在公务员培训机构努力学习的事实已经被我们的孩子接受了。

　　这种社会现象肯定会对我们的孩子努力去追寻自己的梦想产生一定的影响。刚满10岁的孩子就梦想着以后当一名公务员。小时候通过各种兴趣爱好找到的梦想就这样消失了，爸爸妈妈所说的"铁饭碗"就这样成了孩子从小以来的梦想。

　　这种现象之所以可怕，是因为孩子的"目标意识"会逐渐丧失。它会让孩子过早在现实面前低头屈服，而不是坚持自己的梦想；它还会把孩子制约在现实的情况中，根据自己目前的自身情况来设定容易达到的目标。这样一来，孩子会越来越搞不清楚自己真正想要的是什么。如果孩子太早就对现实妥协，那么很有可能连对梦想进行思考的机会都被无情地夺走。

到底为什么要学习呢？学校课堂中的内容是不足以充分应对公务员考试的。如果孩子的梦想真的是考取公务员，那么孩子就应该针对公务员考试的相关知识进行学习，但实际上梦想当公务员的孩子在学校学的内容和其他孩子所学的内容是一样的。因此，这类孩子上辅导班就没有明确的理由和目标。

如果没有目标，那么孩子就很有可能在中途迷失方向；如果没有目标，那么孩子上辅导班就很有可能只是因为别人都去上才去的，而不是为了培养自己的才能或梦想。虽然孩子的学习时间可能会增多，但孩子对于学习的兴趣却会逐渐减少。为了避免这种情况的发生，我们必须要帮助孩子找到自己的梦想，并为了实现这个梦想而努力奋斗。

但是，如果孩子只顾着寻找自己的梦想，还是会被妈妈骂。因为梦想并不会在短时间内提升成绩。最近小学生的上下学时间与上班族的上下班时间几乎同步。如果孩子在放学之后为了立马去上辅导班而在便利店吃泡面的话，是很难有时间对自己的梦想进行思考的。对于他们来说，真的很需要有对梦想进行思考的时间和精力。

平时喜欢学习的孩子也有可能突然变得讨厌学习。站在妈妈的立场来看，妈妈很可能会不知所措，但其实比妈妈更慌乱的是孩子。虽然孩子有可能会暂时徘徊一段时间，但只要有"梦想"，花不了多长时间，孩子就能重新回到正轨。在孩子寻找梦想的过程中，彷徨有时也是一段不可缺少的经历。

请多问问孩子他的梦想是什么

最近有问过孩子他以后想要什么样的生活，或者做什么事吗？现在有很多孩子在不知道自己的梦想是什么的情况下，就读完了大学。他们虽然刚开始去大企业上班的时候会非常兴奋，但过了一段时间之后，他们就会怀疑："我到底为什么在这个公司上班呢？"

如果妈妈经常让孩子谈一谈自己的梦想，结果会有什么不同呢？因为被提问就要回答，想要回答就得先思考。所以，父母可以试着了解孩子的梦想，让孩子能有更多的机会对自己的梦想进行思考并寻找答案。如果孩子喜欢漫画的话，他到底是单纯地喜欢看漫画呢，还是喜欢看着书上的画，一起跟着画下来呢？我们可以试着问一下孩子。说不定我们就能在孩子身上发现不同寻常的美术天赋。

当孩子做学习以外的事情时，大部分父母会选择责骂孩子。妈妈通常会说，有时间做这些事情，还不如在这段时间里多背几个单词呢！但是，我认为我们需要记住的一点是，大部分的成功人士都是在他们父母的帮助下才找到自己学习以外的天赋的。

孩子们从小就很忙，没有太多的课余时间。学校和辅导班老师留给孩子的作业实在是太多了，导致孩子们根本没有时间思考一下自己的梦想。就算是刻意为之，我们也需要多给孩子留一些可以对自己的梦想进行思考的时间。

都说有梦想的人是幸福的，因为可以朝着自己的目标去努力。为了梦想而投入的时间与幸福的程度是成正比的。

现在连看到妈妈的脸都觉得害怕

老师　信爱同学，你好。最近过得怎么样？

信爱　不好，我真是快要疯掉了。

老师　发生什么事了？

信爱　在我小学的时候，跟妈妈的关系还是很不错的，就像朋友一样。但不知道从什么时候开始，我就逐渐想要避开妈妈了。

老师　为什么呢？发生什么事情了？应该是和学习有关的吧？

信爱　嗯，是的。上小学时，只要我按时完成作业，好好学习，妈妈就不会对我进行过多的干涉。但在我上初一后，妈妈的干涉却越来越严重。

老师　嗯……妈妈是怎么给你压力的呢？能跟老师详细说一下吗？

信爱　就算妈妈不催我，我也会自觉地努力学习。就算排不上年级前几名，我每天也都在尽自己的全力去学习，几乎没有被老师骂过。但我也不能一天 24 小时都在学习吧？我在家里看一会儿电视，妈妈都会说我。

老师 可能是因为离高考越来越近了，导致妈妈也会变得越来越敏感吧。所以，大多数父母会觉得中学生看电视和小学生看电视的性质是完全不一样的。

信爱 但我妈妈实在是太过分了。我刚打开电视不久，妈妈就会发火，逼问我到底看几个小时的电视才够。我真的不知道我妈到底为什么就不相信我说的话呢。以至于我现在就连看见妈妈的脸都觉得害怕。我想不明白到底为什么要把跟学习相关的所有事都事无巨细地向妈妈报告。所以我也曾跟妈妈撒过谎，说我去了辅导班，实际上我并没有去。

老师 如果不上辅导班，那大部分的妈妈都会觉得问题出在我们学生身上，但其实认真去观察的话，问题的真正原因却在与妈妈的矛盾上面。随着孩子逐渐长大，孩子跟妈妈的关系是不是越来越差了呢？不必太担心。可以的话，信爱同学每次都提前做好学习计划表，然后给妈妈看一下，怎么样？妈妈可能是觉得没有她的唠叨，信爱同学就不会主动去学习。

老师的建议
无言的鼓励也是必要的

　　孩子之所以学习成绩越来越下降，对学习越来越感到厌烦，其实基本上都不是他们觉得学习越来越难，而是与"妈妈的矛盾"变得越来越严重。因为这些矛盾，即使孩子们坐在了书桌前，他们也无法集中精力学习，总是会去想别的事情，到最后只能把书合上，而且这个过程会长期不断地反复。有没有觉得眼前正在休息的孩子很不顺眼呢？但他们有可能真的就是刚学习完，才休息了一会儿。希望妈妈们不要光顾着眼前的成绩，对孩子稍微宽容一些吧。

66

学习需要打好基础。
帮助孩子养成一些
在学习时
所必需的能力吧。

99

独立去寻找答案
——思考力

最近，为了激发孩子的思考能力，各个学校都采取了多项措施，做了很多努力。有的学校为了激发孩子的探索能力，建立了发明教室；有的学校为了应对第四次产业革命，并激发孩子们的思考能力，举办了软件奥林匹克竞赛等。

因此，课外教育机构也随之产生了一系列变化。在这之前，父母送孩子们上辅导班最重要的目的是"提升学习成绩"，而且大部分辅导班的宣传语都是"100% 精准预测考试题目"。而现在，很多辅导班都会宣称"上了这节辅导课就能提高思考能力"。为了从小学开始就培养孩子所谓的思考能力，辅导班会开设一些运用魔方去解答数学问题的课，除此之外，还会开设一些运用棋牌游戏来灵活大脑的课程等。

为什么这些教育机构越来越强调思考能力的重要性呢？首先，这与中高考的出题方向有关。我们在孩子们最近的考试题当中是很难找到一些客观题的。现在的考试题大多是以简答叙述类题型为主，经常需要孩子们写大段大段的文字答案。而且在数学和科学试卷中，简答叙述题的比重也在逐年提高，这些都是妈妈们在学生时期根本都没有接触过的。现在孩子们需要的更多是能够解释为什么选择了某项答案的能力，而非单纯选出正确答案的能力。如果思考能力不够强，试卷上是没有多少能够光靠背诵就可以解答出来的题目的。

就算是面临同一种情况，思考能力弱的学生和思考能力强的学生也是有很大区别的。思考能力很强的学生在面对一种状况时，能够在大脑里构想出很多种不同的结果。因为在付诸实践之前，他们会在大脑里进行很多遍的计算和演练，所以，失败的概率会比较低。但思考能力比较弱的学生一般都需要用实战来得出一些结果和领悟，所以会经历更多的失败。因此，他们在学习上也需要付出更多的时间，对于没有实际经历过的事情也无法很轻松地就得出判断。这就是思考能力如此重要的原因。

用提问和回答来培养思考力

那么，为了培养孩子们的思考能力，妈妈能做的都有哪些呢？在日常生活中，妈妈们可以通过"提问与回答"

的方式来帮助孩子提高思考能力。

虽然父母和孩子之间没有什么交流算是一个令人头疼的问题，但如果孩子提出的问题太多，对妈妈来说也是一种烦恼。当孩子提问时，有些妈妈会很不耐烦。面对一个不停问问题的孩子，其实，很少会有妈妈能一个一个问题进行耐心解答。妈妈刚从公司下班回家，需要大量的时间休息。但孩子的问题却一个接着一个。如果大部分的问题都非常幼稚，答案也显而易见的话，妈妈就会经常草草地敷衍一句："这本来就是这样的。"

孩子总是想通过妈妈的回答来消除好奇心，妈妈有时也会想："如果每个问题我都直接给他准确的答案，那他什么时候能学会自己思考问题呢？"再加上孩子的问题多到实在无法令妈妈回答，妈妈也会让孩子自己上网去寻找答案。但是，问题变多就意味着孩子差不多做好了提高思考能力的准备。你问我答，正是妈妈能够帮助孩子提高思考能力的最好办法。

我认真地思考了一下。"在写书的过程中，我最能畅通无阻地把文章写下去是什么时候呢？"我想，可能是在我自由地对自己提问，又自己去寻找这些答案的时候。在没有人打扰的情况下自由地进行思考，通过提问获得答案，在这个过程中，我的写作是最顺畅的，也是我思考能力达到顶点的时候。孩子们也是一样的。当孩子认为自己可以毫无顾虑地向妈妈提问时，他的大脑会变得活跃，好奇心也会增强。

如果妈妈对孩子的问题表现得很不耐烦，那么孩子可能以后再也不会向妈妈提问了。如果感觉回答孩子的问题很累而随便敷衍几句的话，孩子是能够体会到的。其实孩子们很擅长察言观色。孩子会在心里想："就算我问妈妈问题，妈妈也会感到不耐烦。"

如果孩子已经有了这种想法，那么在学校和辅导班里，他也不会太积极主动地提问题了。因为孩子已经对向大人们问问题产生了一定的抗拒心理。孩子会担心学校和辅导班的老师也会像妈妈一样对自己的问题表现得很不耐烦。

先试着自己思考

对于孩子提出的问题，有些妈妈会让孩子去学校问老师，而不是直接给出答案。孩子是在和妈妈一起聊天、思考的过程中成长的。妈妈让孩子忍住现在的好奇心，下次再问，就像是让孩子忍住眼前想吃的食物不吃，过两天再去吃一样。两天之后，他可能就想吃别的了。

但确实，没有多少妈妈能够随时待命回答孩子提出的任何问题。全职妈妈要洗碗，要打扫房间，职场妈妈还要准备上班。那么，到底怎样才能有效率地通过提问和回答来与孩子进行对话呢？

对于从小就上辅导班的孩子来说，他们中的大部分都能够充分做好自己该做的事，却缺乏主动去解决问题的习惯。对于孩子感到好奇的事物，我们不妨给孩子一些"通过自己的思考来得到答案"的时间。对于所有感到好奇的问题，他们不再是从妈妈那里得到一次性解答，而是先经历一个自己思考的过程。一旦开始依赖于某个人，不必要的问题就会变多，思考能力也会退化。通过自己寻找答案的过程，孩子的思考能力就可以更快地得到提升，向妈妈提出的问题也会更加有质量。如果通过与妈妈的你问我答，孩子的思考能力得到了提升，那么再去上辅导班也许会更有助于提升孩子的学习成绩。

学习的基本能力
——专注力

有些小学生存在阅读障碍或情绪障碍，抛开努力与否不说，这类孩子在学习的过程中根本就无法集中注意力。这类问题不是上了中学就能够自然地得到解决的。因此，如果孩子在学习的时候注意力无法得到集中，妈妈就要在孩子身边好好观察到底是哪里出了问题，而不是一味地去训斥孩子。

好在专注力是可以通过日常生活中的训练来得到提升的，最重要的还是首先要了解孩子的学习状态。

对于孩子的学习来说，专注力是最重要的基本能力。妈妈的行为也会对孩子的专注力产生影响，因为孩子是会模仿妈妈的。

如果妈妈在看书的时候总是忍不住去看手机，每十分钟就起身一次，反复开关冰箱门，那么孩子也会学着妈妈的样子去做。如果妈妈在平时没能让孩子看到自己集中注意力的一面，而一味地向孩子强调专注力的重要性，那么可能会遭到孩子的反击——"那妈妈在看书的时候为什么就不集中注意力呢"。我们不能让孩子觉得妈妈一直在为所欲为，却在强迫自己去做一些事情。因为妈妈的专注力归根结底会影响孩子的专注力。

孩子如果坐在书桌前无法集中注意力，那就说明比起现在想要学习的意愿，想要做其他事情的意愿更加强烈。在这种情况下，我们可以让孩子先停下来，给孩子一张白纸，让他在上面写下无法集中注意力的理由。如果为了寻找答案而不停地向自己提问的话，自然就能找到正确答案了。比如："不想学习 → 为什么不想学习？ → 头疼 → 为什么头疼？ → 昨天没睡好。"那么，现在不是学习的好时候，去好好睡一觉可能会更有助于学习。

找到专注力低下的原因

很多专注力低下的学生甚至都不知道"自己为什么无法集中注意力"，这些孩子会用单纯的一句"我的专注力低下"作为很多事情的借口。肯定是有些原因导致了其专注力低下。首先，我们要做的就是找到其专注力低下的原因。

学习任务分为两种："重要的学习任务"和"紧急的学习任务"。该让孩子先做哪个呢？其实没有什么正确答案，而且我们无法代替孩子去决定先后顺序。如果重视重要性，那么可以先从重要的开始；如果重视时效性，那么可以先从紧急的开始。

学习的时候，这个"先后顺序"是很重要的。如果不制订一个先后顺序，就会发生在学英语的时候担心数学作业的情况。一定有这样的学生，他很擅长语文，但数学成绩却很差，往往在第一节的语文课上，就已经开始担心第二节的数学课了，因为每次老师都会随机抽几名学生到黑板上解数学题。在这种情况下，他根本无法集中注意力，所以，我们要确定一个先后顺序，第一优先的应该是"把注意力集中于现在这节课老师所讲的内容上"。

我们常常会混淆"应该做的事"和"想要做的事"。把注意力集中于本节课老师所讲的内容上不是可以选做的事，而是应该做的事。如果没有完成该做的任务就去做别的事，那注意力也无法集中于现在所做的事上，会觉得自己不堂堂正正，还会分心注意别人的脸色。不优先去做"应该做的事"一旦成为一种习惯，当有一天真的有一件非常重要的事需要去做时，我们就会找各种借口来回避它。学校和辅导班是上课的地方，孩子要努力在给定的时间内尽力去完成自己的学习任务，这样专注力就会得到提升。

对专注力的误解

关于孩子的专注力，作为父母的我们可能有些误解。如果孩子在集中注意力认认真真看书，妈妈会非常欣慰。妈妈觉得自己的孩子专注力真的很强，所以也期待自己孩子的成绩比其他孩子的成绩好。孩子越小，妈妈就越觉得孩子很了不起。但小孩子的天性本来就是活泼好动的。对身边所有东西都感兴趣，带着好奇心不断去尝试的孩子可能比喜欢安安静静待着的孩子专注力更强。这类孩子可以通过经历很多不同的事情来提高自己的感受能力。因此，有些时候我们的常识其实是错误的。

有些妈妈认为专注力会随着孩子的成长而提高，但专注力和年龄其实并不成正比。她们都会期待"明年可能会好一些吧"，但事实却相反。随着一年一年长大，孩子的视野会不断开阔，想法也会变得越来越多，对新鲜事物也会越来越好奇。在小学一二年级的时候，孩子会为了回到家不被妈妈骂而主动坐在书桌前；上了中学之后，孩子有了喜欢的明星，想要玩的游戏也越来越多，还会给朋友发信息，就算不坐在书桌前，孩子们也有很多事情可以去做。而且从早到晚，他们觉得坐在书桌前的时间已经够多了，回到家发现还是要继续看书，就会很不情愿。

不可战胜的智能手机

另外，还有一个妨碍我们集中注意力的最大敌人，那就是智能手机。最近这些年，小孩们只要过了周岁，就能轻易地拿着手机去玩。在公共场所，有时我们会发现孩子尤其多，却非常安静，这是因为几乎每个孩子手上都有一部手机。不管孩子怎么闹，只要一亮出手机，就立刻能让孩子变得非常安静，这比任何话、任何行动都要有效果。

如果孩子从小就习惯了玩手机，那么上学之后再让孩子放下手机几乎是不可能的。人人都知道青少年对智能手机上瘾的危险性。

目前，我们每天都能接触到有关智能手机的新闻。早间新闻节目都会播报有关交通事故的新闻，其中，很多驾驶员或行人都是因为在路上看手机才导致交通事故的。如果把日常生活中所有的注意力都放在手机上，那发生事故是不可避免的。

妈妈们也会常常经历这种情况。明明只是躺在床上看了几个新闻和社交软件上几个朋友上传的照片，却发现不知不觉中一两个小时过去了。智能手机会在你完全没有意识的状态下就夺走时间。

如果孩子对手机过度依赖的话，那么作为妈妈，我们也需要反省一下自己在生活中使用手机的时间比例。今天，孩子总共见到过几次我玩手机的样子呢？孩子们会模仿自己父母的行为。因为孩子最经常见的人就是爸爸妈妈，而且与父母之间的亲密感情也导致父母是孩子最容易模仿的对象。就算孩子本来没有要玩手机的想法，但如果看到妈妈在自己面前拿着手机，孩子也会不知不觉中就拿起自己的手机来玩。如果孩子把太多的时间都浪费在了玩手机上，妈妈就会训斥孩子，但其实妈妈花在手机上面的时间可能比孩子更多。今天晚上试着拿起一本书，取代拿起手机，怎么样？虽然立刻就做出改变有些困难，但慢慢去尝试就能看到变化。有时，比说教更有效的方法就是默默无闻地以身作则。

专注练习

如果妈妈少看手机无法提高孩子的专注力，我们就需要通过沉浸式投入来"练习集中注意力"。为了提高沉浸式投入的程度，我们需要让孩子"在固定的时间内努力去重复同样的动作"。比如，我们把目标定为"每天晚上9点到10点做数学题"，之后的每天都进行训练。从一开始就让孩子长时间做数学题，孩子一定受不了。就算孩子做的不对，我们也要坚持从第一天，以每天做10分钟的题开始，让孩子练习每天在固定的时间内学同一个科目。过了一个月之后，我们就可以把时间延长为 30 分钟。再过一个月，我们把时间延长为 1 个小时。这样过了三个月之后，每到晚上 9 点，孩子就会知道自己该做数学题了。通过这种形式，我们能帮助孩子先让自己的身体而非大脑进入集中注意力的状态。

很多孩子都会把自己大部分的精力放在成绩比较差的科目上。虽然这样做是为了提高整体的学习成绩，但其实把更多的精力放在"自己比较喜欢的科目"上更有助于培养孩子的专注力和投入度。因为成绩较差的科目一般都是孩子不太喜欢的。本身集中注意力对孩子来说就是一件非常困难的事，再加上是自己讨厌的科目，孩子会感觉学起来非常吃力。不论是谁，如果感到压力太大，心中就会萌生放弃的念头。先从孩子喜欢的科目开始让孩子的注意力得到集中，再慢慢地加上其他的科目也不失为一种好的方法。

谁都想集中注意力好好学习，并且会努力去做。虽然开始做一件事很容易，但坚持到最后，却是一件很难做到的事。试着帮助孩子全身心地投入到一件事中，并对其中可能遇到的困难，试着多与孩子进行一些交流吧。孩子们现在正因做不完作业而焦头烂额呢，他们觉得"紧急性"比"专注力"更重要。集中注意力虽然能加快速度，但孩子却因想要快点儿写完作业去睡觉而顾及不到什么专注力。如果通过为期三个月的专注练习，孩子的专注力得到了提高，那么，请告诉孩子他身上所发生的好变化。

做事投入的前提是喜欢。成绩非常优秀的学生可能觉得低水准的内容没什么意思；当成绩较差的学生面对过于复杂和困难的问题时，也会一下就失去兴趣。如果想要让孩子在固定的时间习惯于学习同一个科目，那么我们就要先把孩子的实际水平给考虑进去。妈妈们最经常犯的错误就是会认为："我家孩子还小，所有事情都要由我来决定。"一旦这种错觉持续很长一段时间，妈妈就会错误地认为自己的想法就可以代表孩子的想法。我们要经常向孩子询问，因为孩子也许早就对情况了如指掌了。为了提高孩子的专注力，请试着多与孩子进行沟通，多去了解孩子的真实水平。

很多人都说如果想提高专注力，就要多使用大脑额叶。我们在学习时，额叶的作用就是负责分析所接收到的信息，制订计划并解决复杂的问题。

知道怎样才能使大脑额叶在短时间内发达起来吗？温柔地对待孩子吧。多对孩子说温暖的话，多与孩子进行亲密的肢体接触，让孩子感受到妈妈满满的爱，那么额叶就很容易被激活，这也有助于提高孩子的专注力。如果在进行专注力练习的同时，每当孩子放学回来时都跟他说一句"辛苦了"，并拥抱孩子一下，那么孩子的专注力可能就会提高两倍。能让孩子在辅导班集中注意力学习的方法其实并没有我们想象的那么难。

不放过一道错题
——纠错力

有一种奇怪的现象总是会发生：在辅导班考试时，每一道题孩子都能做对，并能拿一个 100 分回来，但只要在学校里考试，孩子就只能得 80 分。甚至在辅导班做过的题和学校的考试题非常相似，发生这种情况已经不是一次两次了。到底是为什么呢？

这有可能是因为孩子已经形成了一个无法准确解答问题的"失误的习惯"，有很多妈妈可能也已经习惯了孩子出现这种失误。妈妈们经常会说："我家孩子很聪明的，大部分做错的题都只是因为粗心大意。"这些妈妈认为如果孩子发挥出了真正的实力就一定能获得好成绩，现在只是因为"失误"，孩子的成绩才没有提升。但这其实就是一种自我安慰罢了。大部分父母现在就处于这种分不清孩子实力和失误的状态之中。

有很多妈妈会经常翻看孩子的辅导班教材和习题册分数。当然，好奇孩子目前的学习状态是很正常的。但妈妈们不单单是翻看，一旦发现有很多错题，就会指责孩子为什么上了辅导班还是会做错这么多道题，接着就会命令孩子赶紧回屋学习。如果孩子在自己的房间待了两个小时还没有出来，妈妈就会误以为孩子这两个小时的学习时间肯定有助于提升学习成绩，也就是坚定不移地相信"长时间学习＝提升成绩"这一还没有被验证过的公式。但这个愿望真的能实现吗？

如果妈妈经常催促孩子去学习，那么孩子坐在凳子上的时间虽然有可能会变长，但做错的题反倒会不断增加。遇到不会做的题，孩子就会自然地去看答案解析。因为只有拿回 100 分，妈妈才不会继续唠叨。久而久之，孩子会为了给妈妈看满分而学习，还会对自己的实力产生错觉。因为已经习惯了边看解析边做题，所以自主解题的本领也就随之消失了。

但是，问题会在考试过程中显现出来。遇到同样类型的题，孩子还是答不出来。上次做这道题的时候，是在妈妈的解释说明下或者翻看了答案解析才做对的。由于没有真正经历过读题—解题的过程，所以自主解题能力也不会在考场上突然出现。妈妈们总以为孩子做错题是因为失误，但事实却不是这样。那么，怎样才能真正解决这个问题呢？

禁止检查

第一，平时不要太频繁地检查孩子的习题册。

做对习题册上所有的题，拿个 100 分是没有意义的。孩子不应该因为怕被妈妈骂去学习，而是要为了弄懂自己不会的地方才学习，妈妈要告诉孩子这一道理。如果只是一味地为了取得一个高分而解出正确答案，那么他们可能会忽视出题者出这道题的本意和这道题要考查的知识点。

孩子平时虽然按照答案解析写出了正确答案，但题中所包含的知识点可能也没有被完全掌握。孩子既然感觉没有做错过这道题，所以也不会把这道题收录到错题本中重点复习。孩子就会陷入以为自己已经掌握了所有知识点的错觉中。如果在考试中做错了这道题，他还会误以为是自己的粗心大意造成的。

禁止看答案解析

第二，要禁止孩子去看"答案解析"。

课下做题的时候做满分是非常容易的，先去看答案解析再做题就可以。看答案解析的时候，孩子会理所应当地认为下次自己一定能做出这道题。但做这道题的时候并没有独立进行过思考，所以一段时间之后，再遇到同样的题时，他们只会依稀记得做过这道题，却无论如何都做不出来。遇见有难度的题目时，还是老老实实将做错之后的题目记录到错题本中比较好。比起眼前的分数，养成一个良好的学习习惯才是最重要的。

审题审到最后

第三，审题要完整准确。

如果下定了决心想要让妈妈看到高分，就要集中注意力好好审题。如果平时养成了习惯，那么在考场上也会只对题目扫一眼。题目上所要求的是"根据下面的内容选出错误的一项"，尽管孩子会做这道题，但还是会失误地选择"正确"的一项。

有两种原因会导致孩子无法认真审好题：第一，题目过难，孩子真的不会，完全理解不了题干中的内容；第二，自己会做这道题，却把自己的想法代入了题干中，没有准确理解题干的意思。如果是后者，那就是平时的学习习惯导致的。虽然审好题看起来是一件特别容易的事，但做到却不那么容易，因此我们必须要帮助孩子养成一个好好审题的习惯。

我上一家公司有一位上司，每当我上交长达 20 页的报告书时，他就会把我打错的字一个一个地揪出来。所以不知从什么时候起，当我再写报告书的时候，重点不再是解决方案或结论，而是错别字。我们的孩子也是一样的。如果妈妈仔细地检查所有习题册的分数，孩子就会因心理负担而错过真正重要的东西。真正重要的是孩子在学校的考试成绩，而非辅导班习题册上面的分数。

抓住记忆的黄金时段
——复习力

上辅导班并不意味着万事大吉。真正的实力是在上完辅导班之后在家里的复习过程中增强的。对于已经学过的内容，回家之后再进行复习确实是一项比较枯燥的任务。妈妈们也会立很多有关减肥、看书之类的计划，但实践起来却非常困难。孩子也是一样的，回家之后想打游戏，想看电视，还想确认社交软件上朋友发过来的信息……想做的事情真的很多。除此之外，还要复习功课，只能跟耐心作斗争。

复习的习惯可以从现在开始就慢慢培养。一天不打游戏，进度不会落下很多，但把今天要复习的内容推到明天，效果就会下降得非常快。孩子很有可能会认为"今天复习和明天复习不会有多少区别"，但我们要让孩子意识到，选择今天就复习，就能利用今天我大脑里的信息去学习；如果选择明天再复习，那么就要把已经消失在大脑里的信息再拉回来去学习，会消耗更多的能量，花费更多的时间。

通过背诵辅导班课上的内容，就能在学校考试中取得好成绩的时代已经过去了。我们需要让孩子在掌握了辅导班所学内容的基础上，再去练习把知识点应用到实战中。这就是能够自觉复习的习惯比上辅导班更加重要的原因。有时，孩子会因过多的课外辅导内容而耽误了复习。因为辅导班上得越多，要复习的量就越多。需要复习的量过多，就会成为一种负担，从而导致孩子产生不复习的念头。如果感觉上辅导班耽误了孩子的复习时间，那我们真的需要认真思考一下上辅导班的必要性。因为我们不是为了上辅导班而学习，是为了学习而上辅导班啊。

就像每个病人都有最佳治疗时间一样，复习也是有黄金时间的，那就是在"初学后的 24 小时之内"。时间过得越久，记忆就越模糊。可是，都已经过去 20 年了，我还依然记得小学时最喜欢的那首歌的歌词。这样看来，记忆并不一定就会随着时间流逝。这是怎么回事呢？

记忆的黄金时段

大脑的储存空间是有限的。除了天才以外，没有人能把看到的、听到的所有东西全都记下来。所以，当新的信息接收进来之后，旧的信息就会被抹去。根据这种现象，我们需要把自己认为重要的信息努力变成长期记忆，而能够帮助我们做到这一点的就是在黄金时段（初学后的24小时之内）对新的信息进行复习。对于我们小时候喜欢的歌曲，我们肯定是在一天之内反复听而复习了很多遍的。

　　如果孩子不喜欢上完辅导班之后去复习，那么我们可以换一个方法。如果孩子觉得长时间复习很累，那么就请帮助孩子养成一个不占用额外的时间也能反复复习多遍的习惯。比如，通过向辅导班老师确认自己完全掌握了今天所学到的知识点之后，回到家再用写学习日记的方式对今天所学到的内容进行二次巩固。之后的第二天，再花十分钟的时间来读日记进行第三次复习。多记、多看就能留下更长更深的记忆。请先减轻孩子对于复习的一些压力吧。

高效利用课堂的秘诀
——听讲力

在复习之前，我们要先做什么呢？我们先要准备好材料。最好的复习材料就是课堂上做的笔记。因此，其重要性不言而喻。

随堂笔记

从大体上来看，男孩子的笔记很有可能没有女孩子做的笔记好。首先，男孩子对长时间坐在椅子上会感到煎熬。因此，男孩子做笔记的能力自然就比不上女孩子。某位妈妈有一儿一女，她会明显感觉到儿子笔记上的漏洞尤其多。但若妈妈只看见做得不好的地方，就因此来训斥儿子的话，儿子自然就会不想把课堂笔记拿出来给妈妈看了。做笔记的能力不会在短时间内就得到提升，因此妈妈可能需要操心一段时间。

这些年来，我们有没有边看孩子做的课堂笔记，边对孩子说过这样的话呢？

"儿子！你这字写得也太差了吧。妈妈根本看不懂。你课上都干吗了！你记的内容你自己能看得懂吗？"

有很多妈妈会这样指责孩子笔记本上的字写得难看。但孩子们本来就不太懂到底该怎样去记笔记，再加上写的字还被妈妈指责，就会变得越来越烦躁。我们稍微改变一下自己的策略，这样对孩子说怎么样？

"看来我儿子记笔记还不太熟练啊？你好像还不太知道到底有哪些地方该记吧？笔记本上面的字不太好看可能也是因为不想做笔记。跟妈妈一起看一看好不好？这周先去文具店给你买一个最喜欢的笔记本吧。"

大部分成绩比较好的孩子都会把最主要的内容简介简单明了地记在笔记本上面。这么一看，笔记的质量与学习成绩是有很大的相关关系的。其实，笔记看的不只是单纯记笔记的能力，还是一个检验有没有完全掌握课堂重点内容的重要标准。

很多孩子对课堂笔记会抱有这样的想法："最近在网上都能找到整理好的重点内容，老师也都会把课堂笔记整理好共享出来，我真的有必要在课堂上记笔记吗？"

这话其实也没错。不管是什么内容，都能在网上轻易找到。但是，做笔记的作用不仅仅在于帮助孩子复习，它还有"帮助孩子把注意力集中于课堂上"的力量。比起静静地坐在书桌前盯着老师看，边听课边做笔记更有助于集中注意力。

你会经常对孩子说"必须按时完成"吗？如果是这样，那你的孩子很有可能会觉得做笔记很难。着急就会感到焦虑，也就很难能全身心地投入到一件事情当中去。我们的孩子现在还不具备在规定的时间内把一件事情做到完美的能力。如果我们在日常生活中总是催促孩子，那么孩子很可能会在还没有做到完全理解的状态下，为了图快而记下老师口中的答案。只有把注意力全部集中于老师所说的内容上面，才能真正做好笔记。为了让孩子看见一大片森林，而不只是眼前的一棵树，请再多给孩子们一点儿时间把事做好吧。

理解才是首要的

最能有效提高笔记质量的方法就是"理解课堂上的内容"。如果没能理解课堂上的内容，那么就算把老师所说的答案逐字逐句地记下来也没有任何意义。在课堂上，孩子需要记下来的是与考试相关的核心重点内容。如果能提前预习，那就更好了。孩子提前一天掌握了课堂上的重点内容，到时候就能更加高效地去记笔记。就像看预告片有助于理解电视剧内容一样，孩子提前掌握的内容越多，就越能精确理解老师在课堂上讲授的内容，就多了一份从容。

整理并精简老师所讲的内容对孩子来说可能有点儿困难，明明是课堂上自己记下来的内容，可回到家却完全理解不了写的是什么。平时多训练孩子把自己的想法用文字表达出来会更有助于做笔记。可以先练习把自己的想法系统化地表达出来，再对别人所讲的内容进行简化也会变得相对轻松一些。写日记也是一个不错的方法。现在，就让孩子拿起笔来试一下吧。

课本的重要性

在辅导班和学校学习的时候，老师教授的基本内容都在哪里呢？其实，内容都在课本里面。你如果听说隔壁家的孩子学习成绩非常好，那可能会好奇"他家的孩子在学习中到底有什么秘诀呢"：是孩子的妈妈有什么独门秘诀，还是孩子在上什么昂贵的辅导班呢？但其实，答案并没有什么特别之处——"就是认真听课，努力做笔记，仔细复习课本上的内容"。

"我的孩子也是这么做的呀"，妈妈们会产生怀疑。看着没让孩子上过一次辅导班，就把孩子培养成名牌大学学生的妈妈们写下的伴读手记，我们都会情不自禁地点头认同，但合上书之后，我们还是不知道该怎么办。如果说成绩好只是因为认真复习了课堂笔记和课本，那大部分人的反应都是这样的："哎哟，不可能。光靠课本就能提高学习成绩的话，那些上辅导班的人都是傻瓜吗？"

简直无法相信。一想到我的孩子不上辅导班，光拿着课本去学习，焦躁不安的情绪就一下子就涌了上来。把学习的重心放在课本上，应该是提升成绩的重要方法。

其实谁都知道课本的重要性。在孩子学习的过程中，课外辅导的比重越大，课本得到重视的概率就越小。因为对于学校课堂上没来得及消化理解的内容，就算不通过课本去学习，也有很多种通过接受课外辅导得到解决的方法。

非常明确的一点是，课本真的是一本非常出色的书。这本书是由精通这一科目的教育专家一起汇编而成的。而且课本不是说想写就能写出来的。为了能成为国家规定的课本，出版社都会把最精锐的专家们汇集起来，投入很多年的时间去编写一本教材。因此，市面上没有一本书的含金量能比得上课本。

课本只会把最重要的概念与原理整理出来。参考书，顾名思义，就是包含了很多供参考的知识点的书。而课本只会包含最核心的知识点，并配以图片和表格等形式来解释说明。事实上，如果一个孩子完完全全地掌握了课本里的内容，那么，他其实是不用再去看其他参考书的。小学到初中大部分的模拟考试和单元测试，其考查范围都不会超过课本里面的内容。

课本还在与时俱进，其实在学校课堂上，孩子不知不觉就学到了很多非常有益的知识。就算孩子现在已经上了辅导班，也请父母时刻提醒孩子，要在学校课堂上把学到的内容都用笔记记下来，反复复习。因为这一点至关重要。

每一阶段都有规划
——计划力

一直在辅导班埋头苦学的孩子可能会忽略真正重要的东西——"我现在这么努力学习，到底是为了什么呢？"

孩子们是在很努力地学习，却逐渐淡忘了真正要学习的理由。单单把眼前的作业和测试解决掉，24 小时可能都不够用。所以，我们需要偶尔去检查一下自己是否正在向正确的方向前进。每一天都过得太匆忙，会让自己逐渐忘记了真正的目标。

如果想在忙碌的日子里把握住正确的方向，那么最好的办法就是"制订计划"，计划会发挥指南针的作用。如果没有计划，自己就很有可能会被某个人拖着走，从而只顾得上眼前的路，往往在脱离赛道时，自己还一无所知，仍在埋头前进；如果有计划，就能对自己脚下的路进行导航。计划并不意味着简单地画一个学习时间表就可以了，制订计划是要对自己未来想做的事进行一系列的规划。

制订计划并不是一件简单的事。没有人能从一开始就制订一个非常完美的计划，都要在过程中不断地进行修改。只有这样，孩子才不会对计划感到太有负担。

尽自己的全力

孩子已经下定决心要按照制订的计划去学习了。这时，最重要的是什么呢？首先要对孩子的学习能力做一个全面的了解。如果一个孩子连30分钟都坐不住，却还制订了一个学习3小时的计划，那么这个计划就没有任何意义了；如果孩子的数学成绩很差，却计划着要做完一本难度非常高的数学习题册，那孩子在中途放弃的可能性就会非常大。

计划要符合现实，脱离现实的计划是没有任何意义的。我希望孩子的英语成绩能有所提高，假期能参加奥数大赛并取得一个不错的成绩，还能在文史类科目上表现得非常优秀，如果这些都能实现就完美了。实际上，能够一步一个脚印按照计划去执行，这件事本身就已经很不容易了。因此，我们制订计划的时候一定把孩子的能力考虑进去。

也有孩子会觉得"制订计划有什么用，反正我也不会按照计划去做。都是一些形式上的东西，还不如在制订计划的时间里背英语单词呢"，这话其实也没错，制订计划本身是没有什么意义的。我们制订计划的目的只有一个，那就是按照计划去做。因此，计划一定要具备可行性。

妈妈们也会在新的一年制订新年计划。有可能是有关减肥的，有可能是有关语言学习方面的，也有可能有关子女教育方面的。但是，在计划的制订过程中，也会出现这样的想法："先把计划立好，具体怎么去做以后再慢慢想吧。"

如果真的以这样的想法去制订计划，那就不是按照计划去生活了，而是在生活中随心所欲地改变计划了。人们会在心里安慰自己："反正我一直都没有好好按照计划执行过，这次不执行也没什么关系。"如果习惯性地只是满足于制订计划这一行为，那么计划就真的只会止步于计划。再次强调计划是为了能够执行才去树立的。

本来计划好从晚上9点开始上网课的，但孩子到了9点就开始举棋不定了，不知道到底该做什么了。到底是复习今天学过的英语呢，还是预习明天要学的数学呢？就这样，到了9点30分孩子才开始打开电脑上网课，此时他已经非常疲惫了。我们常常会花时间去制订计划。但计划其实是要把"做什么，怎么做"都规定好，才会有所谓的可行性。

测试可行性

如果孩子已经制订好了学习计划表，那么在接下来的一个星期内，妈妈就要观察孩子是否真的能够严格按照计划表执行。在这一个星期里，就算孩子不学习，也请不要催促他，尽量不要去干涉孩子的生活。只要妈妈一开始干涉，孩子就会为了不被妈妈骂而学习，而不是完全出于自己的意愿去学习。一旦孩子没有根据计划表执行，当时就请把孩子的行为记下来。

一周之后，笔记本上面就会记满孩子在一周时间内的具体行为。比如，上完辅导班回家之后，在该做作业的时间里，孩子却连续玩了三天的手机游戏，那就意味着这个时间段里的计划需要做出调整。因为我们把孩子根本无法做到的事纳入了计划表当中。

为什么孩子上完辅导班回来不会去做作业呢？如果是想要放松才去玩游戏的话，请试着引导孩子把玩游戏换成做运动或者与家人聊天。也就是说，要找个时间跟孩子说清楚，除了玩游戏以外也有很多能放松解压的办法。等孩子把压力消解完之后，再去多添加一些学习计划吧。

用宽容的心去对待

计划就一定要完美地执行吗？如果没能按时、完整地执行，就意味着这是一个失败的计划吗？强迫自己完美遵守计划表的观念反倒会让计划执行变得困难。虽然第一次违反计划需要鼓起很大的勇气，但第二次、第三次就会变得非常容易。就这样，违反计划成了家常便饭。

其实，能够执行计划中九成的内容就已经算是成功了不是吗？有时我们需要稍微宽容一些。也就是说，我们不能因为没有按时、完整地执行上午的计划，就影响自己去执行下午的计划。

优等生的 6 种学习能力

思考力 自己去寻找答案

· 通过你问我答培养思考力
· 先试着自己思考，独立寻找答案

专注力 学习的基本能力

· 找到妨碍专注力的原因
· 区分应该做的事和想做的事
· 专注力的最大敌人——智能手机
· 练习集中注意力

纠错力 不放过一道错题

· 妈妈，请禁止检查习题册
· 禁止看答案解析
· 审题审到最后，要仔细

复习力

抓住记忆的黄金时段

· 初学后的 24 小时之内，复习的效果最好
· 以轻松的方式多次复习，效果最好

听讲力

高效利用课堂的秘诀

· 随堂笔记要重视起来
· 理解才能做好笔记
· 回归课本是学习的重点

计划力

每一阶段都有规划

· 计划要符合实际，具有可行性
· 测试计划的可行性，及时调整计划的细节
· 用宽容的心态去执行计划

我也是有隐私的

老师 闵静，好久不见。最近你的学习成绩怎么样？辅导班上得也还算顺利吧？

闵静 没有，最近压力真的太大了。

老师 怎么了，发生什么事了？

闵静 我感觉我妈妈真的越来越过分了。有一次，我没有锁手机屏幕就去洗澡了，但洗完澡出来发现一个未读消息都没有。我感觉很奇怪，最后发现竟然是妈妈趁我不在时把我所有的未读消息都看完了。我问妈妈是不是看了我的手机，妈妈却大声喊道："妈妈看一下女儿的手机怎么了？"我真是太生气了。

老师 唉，闵静同学肯定很伤心吧。如果闵静在没有妈妈的允许下就看了妈妈的手机，那她肯定也会很不开心呀。

闵静 对啊。有一次妈妈竟然命令我说把手机锁解开。我就问了一句为什么，妈妈当场就把我的手机给没收了，那次我三天都没能用手机。我真是感觉心太累了。

老师 闵静有没有认真地跟妈妈谈过，说需要妈妈尊重一下闵静的隐私呢？

闵静 当然有啊。但我反倒被妈妈骂了一通。妈妈说孩子和父母之间哪有什么秘密，有秘密就意味着在背着妈妈做些不好的事情。

老师 唉，你一定感到很郁闷吧？闵静以前有做不好的事被妈妈发现过的经历吗？闵静妈妈好像是做得有点儿过分了。

闵静 没有。因为我知道妈妈的脾气，所以平时也比较听妈妈的话。但我只要犯一点点的错误，妈妈就会生很大很大的气。

老师 老师也有孩子，所以我能理解作为家长，对孩子的生活感到非常好奇的心理，但方法和度要掌握好。虽然闵静刚上中学，但你的想法和隐私也是需要得到尊重的。如果真的没办法和妈妈好好沟通的话，和爸爸坐下来一起认真谈一谈也是个不错的方法。另外，如果闵静同学真的没有什么需要藏着掖着的事情，直接把手机屏幕锁取消掉也是可以的。

孩子也有只属于自己的世界

　　现在有很多孩子因父母对自己进行过度干涉而感到无所适从。虽然妈妈认为这么做都是为了孩子好，但孩子的负担真的会很大。如果这种恶性循环长期反复的话，孩子的学习也肯定会受到影响，因为他总是会因别的事情感到烦心。正确把握与孩子隐私的关系真的不是一件简单的事情。

妈妈的疑问 1　新学年该怎么办呢？

当孩子刚刚步入中学，或开启一个新学年的时候，我该为他做些什么呢？我对孩子突然接触一些新的科目感到非常担心，而且如果数学和英语的难度突然一下上升了很多，又该怎么办呢？

"第一次"这个词，无论对谁来说，都是一个既心动又害怕的存在。面对第一次独自旅行，未知的旅程会让自己既期待，又焦虑。新的学年对孩子来说又是怎样的呢？也会是一段充满了期待和焦虑的独自旅行吧。比起焦虑，有的孩子会更加期待，有的孩子还没有从假期里缓过神来，还有的孩子会觉得新的学习内容和新的朋友对他们来说是一种负担。

就像妈妈担心孩子一样，孩子本身也有很多烦恼。这些烦恼不仅仅与学习相关，"如果我跟关系不好的同学被分配在同一个班里该怎么办"，这种社交烦恼也是存在的。与社交相关的烦恼在规模比较小的学校里最为严重，也是孩子们最大的烦恼。近些年，校园暴力的问题时有发生，跟不喜欢的同学被分配到一个班里，这件事本身对孩子来说就是一个特别大的负担。

朋友很重要

当孩子步入了新学年之后，除了学习之外，我们也需要关心孩子是否能好好适应新的环境。学习成绩得不到提升也许并不只是由与学习相关的原因导致的，我们如果能够早一点儿发现孩子有没有被欺负，是否跟不喜欢的同学被分配到了同一个班等情况，也许就能早一点儿了解到孩子的烦恼。

如果孩子跟某个同学发生了矛盾，要在一开始就去了解是否可以通过沟通解决，或者是否需要老师介入解决，等等。毕竟，最近几年总能听到有关青少年校园霸凌的事件。虽然有人会觉得"孩子本来就是在打打闹闹中长大的啊"，但打闹也要有个度。

其实在公司里面也是一样的。虽然也有因工作量太大而感到心累的时候，但更多的时候可能是因为遇见了一个不好的上司或同事而烦恼。所以，孩子在学校里也是一样的。在孩子变得忧心忡忡之前，我们作为妈妈，一定要提前去掌握孩子的情况。

每当新学年开启，就会发生很多令妈妈无法理解的情况。比如，孩子对学校的教务日程一概不知，甚至还有些孩子会忘了第二天的考试。站在妈妈的立场来看，发生这些事都是非常不可理喻的。因为大人们一般都不会忘记非常重要的会议或其他重要的日程。但孩子们确实会忘，这也是没有办法的事。因为对于孩子来说，学校生活可能不是最重要的。在孩子的心里，相比于学校某个活动的日期，自己喜欢的歌手发专辑的日子可能才是更重要的。

　　如果孩子总是犯这样的错误，妈妈一定要在孩子身边帮助他记下这些重要的事情。在不久的将来，孩子会逐渐独立，在孩子自立之前，妈妈稍稍帮助孩子一下就可以了。

小长假后面临开学

　　妈妈也有这种时候吧？中秋节、周末、国庆节全部凑到一起了，会有一个非常长的假期。虽然很喜欢放假，但一想到假期结束还是要回归日常生活，就有一种说不出来的压迫感。只是在一年中连休了七八天而已，节后复工的身体却非常疲惫，驶向公司的地铁简直像开往地狱一样。

　　孩子们就更不用说了。他们结束了一段长假之后面临开学的压力就像我们在星期天晚上看搞笑综艺时，表面上在笑心里却并不快乐一样。临近开学的时候，一点点恢复规律的日常生活有助于缓解开学之后的疲惫。首先，我们可以把作息时间调整为正常上学时的时间，这是向我们的身体传达即将开学的信号。我们也经历过，放假的时候就算晚上睡不着觉，第二天能睡到中午是一件多么幸福的事情……请提前一个星期把作息时间调到正常状态，来告诉身体即将开学吧。这是最简单迎接开学的方法。

妈妈的疑问 2　怎么平稳度过期末呢？

我家孩子平时很乖的，但只要一到期末就会变得尤为叛逆。每天不论是早上还是晚上，表情都很臭，一副不满的表情。作为妈妈，我该怎么办呢？

一到期末，孩子就会变得非常敏感，也比平时更容易跟妈妈发生争执。尽管妈妈想了解其中的缘由，但没那么容易。每个孩子表达内心不满情绪的方式都不同，所以妈妈们首先要了解自己的孩子到底是什么样的类型。接下来，就让我们来看一下在考试阶段，孩子们常见的四种表现类型。

"我很笨"

第一种孩子自认为脑子很笨。这类孩子本身非常自卑，在准备考试的时候也没有很大的热情。虽然在上辅导班，但没有非常强烈的想要提升成绩的欲望。否定自己的时间越长，就越会掉入自卑感当中。他们不论做什么事情都觉得自己不会成功，放弃也就自然地成了他们的习惯。

首先要帮孩子找回自信。可以从最擅长的科目中最简单的题目开始，一点一滴让孩子体会到成就感，妈妈要在孩子身边时刻提醒他的优势。如果太早就开始上辅导班，孩子很可能会气馁。因此，我们首先要培养孩子的自信心，辅导班的事可以在这之后慢慢来。

"又被我搞砸了"

第二种孩子自己根本就没有准备考试，只一味抱怨结果。这种孩子在考试前一天可能还在玩游戏呢，但也别因此太责备孩子。仔细想想，这种孩子会对自己满意吗？其实他也知道现在自己不应该这么做，只是因为缺乏自制力而无法控制好自己而已。

这次的考试已经结束了，无法挽回。父母请帮助孩子好好准备下一次考试吧。父母很难让原本不喜欢学习的孩子突然就对学习产生浓厚的兴趣。我们可以先从让孩子练习每天花 10 分钟的时间坐在书桌前开始，或者把孩子的日程安排得稍微满一些，不让孩子有产生其他想法的时间。

"考试不算什么"

第三种孩子根本就不在乎考试。怎样才能让这种孩子稍微注重一下考试呢？其实有些讽刺的是，这种类型的孩子反倒可能是因为太在乎考试了，感到负担太大，所以才会用一副满不在乎的样子来伪装自己。这种孩子选择用无视考试的方法来克服自己对于考试的恐惧。

其实，恐惧本身是一个非常模糊的东西。没有多少孩子会因"如果这次数学考试题是从第八单元的第一节中出的话，我肯定答不出来"这样具体的想法而感到恐惧。他们只是为了平复自己紧张不安的情绪而去否认考试这件事而已。面对这种情况，我们要通过"为了考试而进行全面准备"的提醒，让孩子接受现实。制订了一个目标之后，我们要督促孩子养成在规定的时间内完成既定学习任务的习惯。我们有必要帮助孩子，让他觉得："诶？学习好像并没有我之前想象的那么难嘛。"

"我好担心"

第四种孩子属于"担心鬼"类型。担心自己的考试成绩差，担心自己会失误，担心考试那天自己的身体会不舒服……他们没有一件事是不担心的。到底为什么会如此担心呢？归根结底，是因为怕发生一些自己不愿意面对的情况。即使那件事发生的概率极低，这类孩子还是会担心。我们需要教孩子稍微大度一些。反正小学或初中的期末考试成绩也不会纳入高考成绩当中。就算考砸了一次，也不会对高考分数产生任何影响。妈妈先要告诉孩子，考试成绩并不是人生的全部，考试目的也不是拿满分，而是对自己目前的实力进行一下确认而已。

在孩子考试之前，很多妈妈都会努力帮助孩子达到最佳状态，但只要考试一结束，就会把所有的关注点都放在考试成绩上面。也就是说，比起去安慰因准备考试而辛苦学习的孩子，很多妈妈把考试成绩看得更为重要。在考试中取得一个好成绩固然重要，因为这能让孩子获得满满的成就感，但考砸一次也并不意味着天要塌了啊。请多关心关心孩子吧，作为妈妈，我们可不能半途而废。

下面的表可以用来对孩子目前的考试心理状态进行测试。

如果总分在 12 分以上，那就很有可能表明孩子对于考试感到非常焦虑，且压力很大。作为妈妈，我们要尽可能地去帮助孩子缓解压力，赋予孩子自信和勇气。

（同意：2 分，一般：1 分，不同意：0 分）

编号	题目	同意	一般	不同意
1	考试之前会非常焦虑。	☐	☐	☐
2	考试之前，对自己的状态一直没有信心。	☐	☐	☐
3	做梦梦到过自己考试考砸了。	☐	☐	☐
4	考试当天很不想去学校。	☐	☐	☐
5	一想到考试，肚子就会疼。	☐	☐	☐
6	在考试的过程中，经常会无法集中注意力。	☐	☐	☐
7	明明是做过的题，但考试的时候就是答不出来。	☐	☐	☐
8	担心考试没考好会被妈妈骂。	☐	☐	☐
9	一直盼望着考试结束的那一天。	☐	☐	☐
10	在考试中，曾趴在书桌上睡觉。	☐	☐	☐
11	考试的压力真的是太大了。	☐	☐	☐
12	无法好好准备考试，过度担心自己会考不好。	☐	☐	☐
总分				

妈妈的疑问 3　该怎样规划寒暑假呢？

其实，孩子一放假妈妈就会感到非常焦虑。孩子该制订一个怎样的学习计划、怎样才能让孩子去主动学习……面对这些问题，妈妈们都会非常担忧。有没有什么办法能让孩子们更加高效地利用寒暑假呢？

"假期"在很大程度上会打破孩子的日常学习习惯。有些孩子在学期中会乖乖地去上辅导班，但只要一放假就会变得特别不愿意上辅导班，甚至不想学习。

一放假孩子就会变得比较散漫，不用每天都上学，也不用天天见老师，甚至辅导班也会放假，所以会有大把大把的时间，一直待在家里就行。而且也没有了考试，孩子会感到非常自由。

但是反过来，只要孩子一放假，妈妈就会开始苦恼：不能把孩子一个人放在家里，放任他玩一整天啊。于是很多妈妈在假期也会给孩子安排很多的辅导班，其实一想到连假期也无法休息的孩子，就会心生愧疚。妈妈还会检查孩子的假期作业，但在公司加完班回来还要操心孩子的学习进度实属不易。上完一天的辅导班，孩子回到家还要听妈妈不断地催促:"读后感写完了吗?书看到哪里了?日记每天都在写吧?"孩子也会难受。

其实假期非常短暂。当孩子感觉"好像是该学习会儿了"时,开学日期已经就在眼前了。不只是孩子会觉得假期很短暂,妈妈也一样觉得假期一下就过完了。当妈妈知道孩子连一篇日记、一篇读后感都没写时,离开学已经只剩不到一个星期的时间了。"应该多督促督促孩子,让他提高效率学习的……"这种后悔的想法瞬间涌上心头。

有没有什么办法既能让孩子努力上辅导班,又能让他充分利用假期的时间呢?如果在假期里硬逼着孩子去学习,孩子会感到非常有压力。在为期三周到两个月的假期里,最重要的一点就是防止孩子对学习失去兴趣。因此,我们需要根据孩子的学习水平来制订一个适合他的学习方案。换句话说,就是通过让孩子学习一些难度适中的内容,用最适合他的学习方法来提高孩子的学习兴趣。

优等生的假期

优等生需要提前对学习内容进行预习。虽然支付着昂贵的费用去预习这件事是有点儿说不通,但闲置孩子聪明的脑瓜也是不可取的。优等生已经具备了一定的自主学习能力,所以妈妈们不用太为这些孩子们操心。只要在总体上检查一下是否还有需要提升的科目就可以了。

在语文这方面，要让孩子在假期内把学期中没能读的课外书尽情地读完。如果再读读下学期即将要学的课文就更好了，注意要避开以做题为中心的阅读方法，去精读。

为了不失去语感，英语要多练习完形填空。可以先大体看一下下个学期的课本内容，对书本里文章的内容做个大致了解。

复习数学是可以稳固优等生地位的好机会。根据不同的问题，对概念和原理进行重新整理，碰到不会做的题，比起马上去问老师，不如趁假期给自己定一个期限，花上几天的时间去研究解决，再反复对同类问题进行练习。

对于其他科目来说，最好是能让孩子预先读一读比较感兴趣的章节内容，或通过实际探访遗址、参观科技馆等活动来培养孩子的学习兴趣，而不是一味地按照以背诵为主的形式去学习。

中等生的假期

如果孩子目前的成绩处于中等水平的话，我推荐他们在假期里主攻数学和英语。没有良好的基础，想要提高数学和英语成绩是非常困难的，假期才是这些中等生打好基础、提升成绩的关键时期。

在假期里，想要大幅度提升成绩是非常困难的。只有制订目标，全力向那个目标努力迈进的方法更有效率。英语可以把重点放在"提高词汇量"上。步入初中后，孩子遇到的第一个障碍就是词汇量不足。很多单词在小学的课文里都没有出现过，生词量变大，所以很多孩子升学后都会感到非常吃力。不认识的单词太多，阅读方法再好也无济于事，尽可能多积累一些词汇会有所帮助。

如果只是单纯机械地去背单词的话，会很容易忘记，所以可以通过背诵文章去理解某个单词在文章里的用法。如果背过一次一辈子都不会忘记就好了，但这种能力是不会找上我们的。最好的做法是准备一个单词本，周期性地去检查自己的记忆情况。另外，我们也需要让孩子多练习用单词造句，和单词成为好朋友。

对于数学这一科目，在没有基础的情况下，就试着去跟上辅导班的进度，孩子很容易就会放弃。如果从小学开始数学成绩就非常差，步入初中之后数学成绩得到飞跃性提高的概率就会极低。数学就是这种一旦开始落后就很难能再跟得上的科目。

一定要让孩子养成复习数学的习惯。如果在还没有完全理解第一页内容的情况下就去学第二页的内容，到时候肯定会重新回到第一页来翻看知识点。请不要太执着于眼前的分数。学数学不能只顾眼前，要为了高中的数学课程去打下好基础。我们现在可以把眼光放得稍长远一些，把更多的精力放在打好基础上。数学的学习方法反倒比其他科目简单：掌握好概念和公式，努力在不看答案解析的前提下，独立解题。

差等生的假期

如果目前孩子的成绩比较差的话，我们有必要通过假期让孩子重新恢复对学习的信心。本来这类孩子在假期里就不愿意学习，在假期内对学习提不起任何兴趣，因此很有可能就会与学习渐行渐远。

对于语文这一科目，可以让孩子对上一学期的课本进行复习。语文成绩较差的孩子即使看了课本也可能无法将其全部理解到位。因此，这些孩子首先需要对课本中能够理解的内容进行集中学习。不能因为是母语就忽视字词学习与阅读理解的重要性。如果单纯为了提升学习成绩而只集中做题的话，就像是建好了的房子，也会因为基础打得不扎实而突然间坍塌。

对于英语这一科目，可以让孩子多去学语法。其他科目都是用汉语写出来的，至少能读出大意，但对于英语来说，如果孩子不理解句子结构的话，是无法继续向前迈进的。

对于数学这一科目，父母可以去书店找一些适合孩子水平的参考书来帮助理解。对于数学成绩较差的孩子来说，光靠课本上的知识点去做题是比较有难度的。

　　对于其他科目来说，针对上个学期所学过的内容，我们需要帮孩子在脑中对这些内容进行梳理、归纳。历史、政治、地理这类文史类科目可以根据不同的主题去把握整体方向；物理、化学、生物这类理工类科目，对实验的理由、目的以及结果进行整理会有所帮助。如果只顾跟上辅导班的进度，那么很有可能会忽略真正重要的部分。因此，我们不能让孩子忽略之前所学过的内容，要督促他及时地去复习，这一点也是很重要的。

因人而异的假期生活安排

优等生

提前预习

中等生

主攻数学和英语

- 英语：增加词汇量
- 数学：复习上学期的内容

差等生

重拾对学习的兴趣和信心

- 语文：复习上学期的内容
- 英语：复习语法
- 数学：买一本难度适中的参考书去做题
- 其他科目：整理上个学期的内容

祖国，许久不见

老师 成浩同学，你好。现在的生活，感觉还适应吗？

成浩 在外国待了 4 年之后，突然回到国内还是觉得有些不适应。我本身英语也不算太好，再加上很久都没说过汉语了，所以还不是很适应。嘿嘿。

老师 学习方面感觉还跟得上吗？

成浩 没有，我感觉最近挺累的。国内的学生除了正常的校园学习，很多还在辅导班进行超前学习呢。这跟国外差距较大，对中文学习感觉有点儿不适应。回国之后，我发现妈妈对我的学习状态也更加敏感了。妈妈很担心我在学习方面会跟不上我的朋友们，还要让我报辅导班呢。

老师 成浩同学会觉得自己跟不上朋友们的学习进度吗？

成浩 我不这么觉得啊。我本来就不想上班辅导班。我觉得在国外跟妈妈一起学习就很好。但妈妈却觉得既然我的同学们都在上辅导班，那我也应该去上。而且因为我现在还没有很多朋友，所以，妈妈也想让我通过辅导班多去认识一些朋友。

老师 你觉得最困难的点是什么？有没有觉得特别难的科目？英语应该是没问题。

成浩 数学。听说数学成绩特别好的同学都已经能做高中的数学题了。但非要对几年之后才会学到的内容提前进行学习吗？否则就考不上大学了？

老师 哈哈，不是的。你现在才初一，不会因不提前学习就考不上大学的，现在说这些还太早了。而且成浩同学还没有完全掌握初中数学课程。所以，相比于提前去学习，你首先还是要以概念为中心，逐渐去加强运用和深化现在所学到的内容。当然，大多数的辅导班都在以提前对未来的内容进行学习为中心，所以你会觉得有些困难。

成浩 是的。我也觉得在目前做得还不算很好的情况下就提前去学习之后的课程很奇怪，而且也曾经怀疑过这样的学习方法到底是不是正确的。

老师 其实成浩同学的妈妈现在也有可能会觉得有点儿不知所措。因为成浩同学的妈妈也很久没有回过国了。她看着身边朋友的孩子们都在进行提前学习，自己也会感觉很焦虑。你目前已经知道自己很难去适应国内这边的学习节奏了，所以比起一味地去跟上辅导班的进度，还是要根据目前真实的实力去制订一个适合自己的学习计划。

比起身边的整体学习氛围
自己孩子的实际情况更加重要

　　每个学生所处的水平都不一样。有些孩子很擅长英语，但数学成绩却很差，有些孩子则认为语文非常难。所以，没有一个固定的学习方法能适用于所有科目。找到最适合自己的学习方法，再去努力学习才是正解。不要被周围的氛围带跑，努力为孩子找到真正适合他的学习方法吧，最后一定会取得一个好的结果。

自我诊断
我家的孩子真的在认真学习吗?

很努力地上辅导班,回到家还会复习,再加上上网课……即便如此,还是有一些孩子的成绩始终都提升不了。到底是哪里出了问题呢?很有可能是因为孩子一直在运用低效率的学习方法。目前为止,还没有一个学习方法适用所有人。要不断地去尝试不同的学习方法并加以改正,直到找到真正适合自己的那一个为止。

请对以下问题进行测试。

(同意:2分,一般:1分,不同意:0分)

编号	题目	同意	一般	不同意
1	就算我不催促他,我的孩子也会主动去复习。	☐	☐	☐

编号	题目	同意	一般	不同意
2	对于做错的题，我的孩子会再去做一遍。	☐	☐	☐
3	我的孩子会跟我讨论他学习上的事情。	☐	☐	☐
4	我的孩子对英语并没有抗拒心理。	☐	☐	☐
5	我的孩子会提前预习明天要学的内容。	☐	☐	☐
6	我的孩子会很努力地去试着做出难度较高的题目。	☐	☐	☐
7	我可以看懂我的孩子在课堂上做的笔记。	☐	☐	☐
8	当我问起我家孩子在辅导班上学过的内容时，他会回答我的问题。	☐	☐	☐
9	我的孩子不会忘记与妈妈做过的约定。	☐	☐	☐
10	我的孩子会向辅导班老师提问。	☐	☐	☐
11	我的孩子与我对话时，不会以自我为中心。	☐	☐	☐
12	我的孩子会在考试前努力学习。	☐	☐	☐
13	老师没有对我家孩子的缺点提及太多。	☐	☐	☐
14	我家孩子的房间一直都很干净。	☐	☐	☐

编号	题目	同意	一般	不同意
15	我的孩子可以通过文字把自己的意愿表达出来。	□	□	□
16	我的孩子在玩之前会把作业先做好。	□	□	□
17	我的孩子每周会预习两次以上。	□	□	□
18	我的孩子还没说过讨厌数学这个科目。	□	□	□
19	我的孩子在日常对话中不说脏话。	□	□	□
20	我的孩子从来没有说过不想上辅导班。	□	□	□
总分				

0~8 分：目前，这类孩子很有可能对学习本身没有什么太大的兴趣。他们是在被逼无奈下学习，就算去辅导班也不会积极地参与到课程中去。以现在的状态，就算是硬着头皮去学习，成绩也不会有什么提升，他们调整学习方法的意愿也不是很强烈。对于这样的孩子，父母应该先从培养他坐在书桌前的习惯开始。

9~16 分：这类孩子虽然是在学习，但成绩很有可能还是在原地徘徊。他们看起来在乖乖地上学、上辅导班，其实还没有找到最适合自己的学习方法。首先需要培养这类孩子对学习的信心。可以先以擅长的科目为重点，逐渐拉长学习时间，对于明显不足的地方可以通过辅导班得到补充。

17~24分：这类孩子学习的努力程度很有可能跟中等生差不多。在目前的情况下，一旦开始落后，就需要花很长的时间去追赶别人，所以也很有可能失去对学习的兴趣。对于这类孩子来说，一定要对学过的内容及时复习。其中，很多孩子都是随着课程难度的上升而逐渐失去兴趣的，所以，还要通过适当的预习去提前做好第二天的听讲准备。

25~32分：这类孩子比一般同龄孩子的学习效率要高。因为已经掌握了一些必要的学习方法，所以妈妈只要在旁边适当地给予一些帮助就可以提高学习成绩了，而且这类孩子比一般同龄孩子的理解能力要高。但是，对于一些不太擅长的科目还没有完全掌握的学习方法，所以要适当地去寻求辅导班的帮助。

33分以上：这类孩子目前没有什么太大的问题。作为优等生，已经充分掌握了适合自己的学习方法，只要按照既定的目标去学习，就可以取得一个比较满意的成绩。

选择权
掌握在我们的手中

　　曾经的我们天真地以为只要把孩子送进了辅导班，孩子的成绩就肯定能够有所提升。

　　"我家孩子现在成绩还不够好，都是因为还没有像其他孩子一样上辅导班。到时候上了辅导班，成绩肯定会提升的！"

　　这种想法不会持续很久。虽然孩子是从自己身上掉下来的肉，但很多时候我们却不知道他到底在想什么。花了高昂的学费给他报了辅导班，他竟然说不想去上了！作为妈妈，真的很担心自己的孩子会落后于别的孩子。不能因孩子不想去就让他放弃，但就算上了辅导班成绩也没有什么提高……妈妈们真是操碎了心。

　　辅导班确实会对孩子的学习成绩产生一定的影响。如果不上辅导班的话，一旦孩子遇到了不会做的难题，就突然间不知道该怎么办了。而且妈妈也不能每件事都一一为孩子把关，就算妈妈再努力，等到孩子上了初中以后，妈妈能做出来的题已经没有孩子多了。要是孩子每天都能主动去学习就好了，但这好像是只有在电视剧里才会出现的画面。

没有一个特定的送孩子去辅导班的最佳时间点。感觉上辅导班很必要时，去报名就好了。但是，不能强迫孩子去上辅导班。妈妈们最容易产生的错觉之一就是"孩子上辅导班肯定会比不上辅导班时更努力学习"，现实绝对不是这样的。就算是在北京大学出身的教授眼皮子底下学习，学习也是个人的事。因此，如果强迫孩子去上辅导班的话，孩子就真的有可能会在书桌前干坐几个小时再回来。

辅导班不是一个像学校一样必须去的地方。仔细一想，选择权其实掌握在我们自己手中。一旦我们开始焦虑，辅导班就会马上发现我们的这种心理需求，为我们设计的陷阱也将更有诱惑力。我们需要更加客观地去想一下，就算身边有再多培养出了优秀学生的辅导班，有再多著名的老师创立的辅导班，如果不适合我们的孩子，就全部都没有意义。而且，妈妈认为适合孩子的辅导班并不一定就是真正适合孩子的。所以，找辅导班的时候一定要多与孩子进行沟通，这才是选择一个正确辅导班的捷径。

妈妈们肯定也都听说过"学习是自己的"这句话，这句话没有错。学习的主动权掌握在孩子自己的手里，但妈妈也有责任为孩子营造一个适合学习的良好环境。有很多孩子都因妈妈做出的错误决定一直上着一个不太适合自己的辅导班，每天都在痛苦中学习。

所以，为了让孩子做出正确的选择，妈妈们一定要在孩子身边给出一些明确的建议。孩子的意见也是要尊重的。妈妈们不能因孩子与自己的意见不同，就完全忽略掉孩子的意见。但是，在孩子做出错误的选择时，妈妈一定要及时地纠正。因为守护在孩子的身边，并帮助他们做出一系列正确的人生选择是父母们的责任和义务。

现在大部分的学生都在上辅导班，所以，有很多父母都觉得上辅导班是一件理所当然的事。但上辅导班对于我们的孩子来讲，却是第一次。不论是谁，面对第一次都会感到非常紧张。能够帮助孩子，不让他们感到孤独和疲惫的人正是孩子的父母。